WESTEND

Anno Mungen

Hier gilt's der Kunst

Wieland Wagner 1941–1945

WESTEND

Inhalt

»One can only look at the art of the Third Reich through the lens of Auschwitz.«[1]

Ahnherr

Der, um den es in diesem Buch geht, ist ein bis in unsere Tage gefeierter Theatermann und Regisseur. Ohne ihn wäre die Kunstform Oper, so wie sie sich bis heute entwickelt hat, in Deutschland nicht denkbar. Wieland Wagner gilt zu Recht als der »Ahnherr« des so wirkmächtigen Regietheaters, wie seine Tochter Nike Wagner 2010 schrieb.[2] Zusammen mit seinem Bruder Wolfgang leitete der Enkel Richard Wagners die Bayreuther Festspiele in den Jahren 1951 bis 1966, seinem Todesjahr. Seinen frühen Werdegang durchschreitet er in einer Diktatur, in der sich Krieg und Kunst die Hand reichen.

Ich berichte in meiner Chronik zu dieser Karriere bis auf eine Ausnahme nur das, was die Quellen auch hergeben. Es ist eine kleine Nebenfigur, die ich erfunden habe, um so zu ermöglichen, dass man Sprüche über Philosophen und Arbeiter zu lesen bekommt. Wie ein Geist lasse ich einen alten Mann durch den Backstagebereich des Nürnberger Opernhauses zu einem Zeitpunkt schlurfen, als vieles schon verloren scheint.

1941, an den Start

Soldaten

Bayreuth im Juli, es scheint die Sonne, es ist heiß, schwül.[1] Nur wenige Wolken werfen Schatten auf die Hauptstadt der Bayerischen Ostmark. Man hat sich herausgeputzt für seine berühmten Festspiele, die Stadt mit Hakenkreuzfahnen geschmückt. Das Publikum dieses Sommers ist exklusiv und setzt sich aus verwundeten Soldaten und Arbeiter:innen der Rüstungsindustrie zusammen. Eintrittskarten, Hin- und Rückfahrt, Unterkunft und Verpflegung gibt es kostenlos, als Belohnung für die verrichtete Arbeit. Aus den Gauen Baden und Südhannover-Braunschweig reist man nach Oberfranken, um am 12. Juli der ersten Vorstellung des Sommers beizuwohnen: dem *fliegenden Holländer* von Richard Wagner. Dem folgt für die Gaue Saarbrücken, Wien und Kattowitz der *Ring des Nibelungen*. Das Geschenk aber kommt nicht frei Haus, wie eine in der Presse verbreitete Botschaft zeigt: Auch in der Oper geht es um das Töten. Siegfried, der Held, bringt im Laufe der Geschichte Widersacher wie den Ziehvater Mime oder Fafner, den Riesen, zur Strecke. Am 21. Juli ist in der *Bayerischen Ostmark* zu lesen, dass dieser Siegfried »keine mythologische Figur« sei, sondern ein Mensch, und die Männer im Publikum »fühlten die gegenwartsnahe Symbolik der Handlung«.

Aufnahme

In Bayreuth gibt es zwei Tageszeitungen, die *Bayerische Ostmark* und das *Bayreuther Tagblatt*. Beide berichten im Sommer 1941 in großem Stil von den Festspielen, bringen Kritiken, Werkeinführungen, Interviews und Reportagen. Am 22. Juli druckt die *Ostmark* eine Geschichte in eigener Sache ab und lässt einen Lokalreporter dem Kollegen vom Hörfunk über die Schulter schauen. Der beobachtet, wie andere Journalisten arbeiten. Winifred Wagner, Festspielchefin seit 1930, entdeckte das Radio früh für sich und brachte mit ersten Livemitschnitten der Radiogeschichte die Menschen von Beginn ihrer Amtszeit an weltweit in den Genuss der Opern ihres Schwiegervaters. Das Hören ist das eine, das Sehen das andere. In Festspielzeiten wirken die Bayreuther Tageszeitungen wie Illustrierte und sorgen in diesem dritten Kriegsjahr für ein überbordendes Bildangebot. Der Betrachter glaubt, authentisches Geschehen mit diesen Bildern schnell erfassen zu können. Drei Fotografien stellt die Zeitung nebeneinander.

Auf dem Parkplatz neben dem Festspielhaus steht ein kleiner Lastwagen. Es ist ein Aufnahmewagen für den Rundfunk. Klobig und altmodisch sieht er aus, er ist ausgerüstet, etwas zu tun, was nah am Zahn der modernen Zeit ist. Auf dem Dach verfügt er über einen trichterförmigen Lautsprecher. Er funkt Wellen, die Opern von Bayreuth in die Welt versenden. Ein anderes Foto zeigt einen Reporter, er hält ein Mikrofon hoch und fängt die akustische Kulisse des Treibens um das Festspielhaus herum als O-Ton ein. Im Hintergrund erkennt man flanierende Menschen, Zaungäste, Kinder, einen Mann in Lederhosen. Gleich geht die Aufführung los. Im Inneren des Aufnahmewagens sieht man einen Techniker. Vor ihm eine Schalttafel mit Anzeigern, die er aufmerksam anschaut. Er dreht an einem Knopf.

Kraft durch Freude

Der Sommer übertüncht die Stadt mit einer heiteren Farbe. Geschäftig dreht sich in Bayreuth jetzt alles um die Festspiele. Schon im Vorjahr firmierte das Festival unter dem Motto Kriegsfestspiele, ein Wort, das dem fränkischen Sommertheater eine neue Dimension verleiht. Die Spiele verbinden sich in diesem Wort nun nicht mehr einfach nur mit einem Fest, das jetzt in die Mitte gerückt ist, gerahmt von Oper und dem tödlichen Treiben an der Front. Bayreuth soll Rückzugsort der Werktätigen und Soldaten sein. Die Festspielleitung hatte der Idee, das Festival im Krieg abzuhalten, zunächst nur zähneknirschend zugestimmt. Für Winifred Wagner aber ist sie dann willkommen, dem Familienunternehmen geht es wirtschaftlich so gut wie nie. Die staatliche Freizeitorganisation Kraft durch Freude kümmert sich nun buchstäblich um alles und verleiht der Freizeitgestaltung in Kriegszeiten höhere Ziele: Urlaub, Schönheit, Sport, jegliche Kulturausübung, Volkstum und zukünftige Mobilität mit einem Volkswagen, all das macht Kraft durch Freude möglich. Bayreuth unterliegt dem Aufgabenbereich von Bodo Lafferentz. Der Chef der Organisation steht den Festspielen als eine Art Geschäftsführer vor, der nichts von seinem Etat einspielen muss.

wahrgewordende Utopie

Nicht nur in Bayreuth, auch in anderen Städten Deutschlands und der besetzten Gebiete spielt man trotz des Krieges weiter Theater. Den Festspielen aber fällt es schwer, die fast 2000 Eintrittskarten pro Aufführung regulär abzusetzen, die man jetzt verschenkt, bei insgesamt vierzehn Aufführungen sind es nahezu 28000 Karten. Es kommt nun zu dem, was Richard Wagners Utopie einst intendierte: kostenlosen Zutritt zu seinen Opern jenseits der urbanen Zentren auch für das gemeine

Volk. Die Festspiele, quasi verstaatlicht, propagieren die Einheit von Krieg und Kunst, Bayreuth erscheint so sozialistisch, wie Richard Wagner sich das einst erträumt hatte.

Kennzeichnung

Der 1. September ist ein schon kalter Tag in Oberfranken,[2] die Festspiele sind zu Ende. In den Kammerlichtspielen Bayreuth zeigt man den antisemitischen Film *Die Rothschilds*.[3] An diesem Montag tritt eine Order in Kraft, die das Leben von 78 Bayreuther:innen weiter verschlimmert. Sie werden ab sofort gezwungen, eine Kennzeichnung zu tragen, die jedem mitteilt: Ich bin ein Jude. Es ist verboten, den sogenannten Judenstern mit Taschen oder Krägen zu verbergen, man muss ihn zeigen, sodass niemand etwa versehentlich mit einem spricht.

Zwei Tage später, am 3. September, werden in Auschwitz erstmals Menschen vergast.

Wagner

Festspielleiterin Winifred Wagner ist Witwe und lebt mit ihren erwachsenen Kindern in Bayreuth am Rande der Innenstadt. Man residiert nahe dem Hofgarten in einem mondänen Anwesen im Stile der Neorenaissance, das der Stammvater als Villa Wahnfried im späten 19. Jahrhundert mit Hilfe des bayerischen Königs hat errichten lassen. Am 12. September aber, einem wichtigen Tag für die Wagners, hält man sich im badischen Nußdorf im Ferienhaus der Familie auf. Dort findet ein bedeutendes Ereignis statt, das man aber nur klein feiert. Es geht um den ältesten Sohn, den Stammhalter Wieland. Er, der Erbe und Enkel des Großvaters Richard, rückt an diesem Tag in das Zentrum des Clans und seine Hochzeit stimmt auf all das ein, was ihn erwartet. Er heiratet am 12.

September seine Jugendfreundin Gertrud Reissinger. Private Fotos dokumentieren dieses Ereignis.[4]

Der Bräutigam vergräbt die Hände in den Hosentaschen, trägt eine Kombination aus dunkler Jacke und heller Hose, ein legeres Hemd, aber keine Krawatte oder Fliege. Er blickt die Braut nicht an, schaut auf den Boden. Sie, gekleidet wie eine Sekretärin, senkt ihre Augen ebenfalls nach unten. Hinter den beiden ein Busch von weißen Blumen. Winifred Wagner, die dem Brautpaar die Ringe präsentiert, blickt zufrieden. Wagner streift der Braut den Ring über den Finger.

Vornamen

Wie wir Personen bezeichnen, steht dafür, wie nahe wir ihnen sind. In Gesprächen, Briefen und in E-Mails duzen wir diejenigen, die wir gut kennen: Freunde, Familienmitglieder, Kolleg:innen. Wenn es förmlicher zugeht, siezen wir unser Gegenüber und verwenden den Nachnamen. So geschieht es selbstverständlich auch in der sach- und wissenschaftlichen Literatur, etwa in den Büchern zur Musik. Dort würde man nicht auf die Idee verfallen, die großen Komponisten mit Ludwig, Johannes oder Arnold zu adressieren. Wie in Schlagworten, mit denen man Kunst plakativ einfängt, geht es dort um Mozart, Bruckner oder Webern. Bei den Wagners ist das anders. Man benennt die Familienmitglieder, die sich um Richard Wagner gruppieren, gerne mit ihren Vornamen. Man liest von Cosima, Siegfried, Winifred, Wieland und so weiter, als wären sie uns so nahe wie der eigene Bruder, die eigene Schwester. Wagner, der Komponist, ist nur Wagner.

Memoiren

Unser Wagner ist Spross dieser berühmten Familie, ältester Sohn einer königsgleichen Dynastie. Man stößt in eine deutsche Lücke vor, die seit der Abdankung des Kaisers 1918 klafft. Der Stammbaum des jungen Wagners verzeichnet namhafte Verwandte: von Richard Wagner, dem Ur- und Großvater, über Franz Liszt hin zu Cosima Wagner, der Großmutter, und Siegfried Wagner, dem Vater. Bis heute füllt die Familie die Klatschspalten von Zeitungen und Fernsehformaten, wann immer etwas in Bayreuth geschieht. Gerne bedient man diese Neugier: Nur wenige Familienmitglieder haben keine Memoiren hinterlassen.

Gertrud Wagner, wie sie nun heißt, gehört zu der weitaus größeren Gruppe, mit dem Unterschied allerdings, dass sie ihre Erinnerungen nicht selbst verfasste. Sie beauftragte die Journalistin und Autorin Renate Schostack, der sie die Familienkorrespondenz, private Fotos, andere Dokumente und exklusive Interviews gab. Im Jahr 1998 veröffentlichte Schostack das Buch *Hinter Wahnfrieds Mauern*, in dem Gertrud Wagner die Umstände der Hochzeit schildert und bestätigt, was man auf dem im Buch abgedruckten Fotos schon erkennt. Der Bräutigam, depressiv am Vorabend, ist unglücklich auch am Tag der Hochzeit. Es heißt, er folge dem »Befehl«[5] der Mutter, zu heiraten. Die Ehe geht er ein, weil er muss.

ein Tagebuch

Einen Tag nach der Eheschließung, am 13. September, müssen die Bayreuther in die Luftschutzkeller: »Fliegeralarm!«. Am Folgetag kündigt sich der Herbst an: »Es ist kalt und regnet fast den ganzen Tag.«[6] Wie viele andere Angaben zu Wetter und Krieg findet sich auch diese Information im Tagebuch von Gertrud Strobel. Zusammen mit ihrem Mann Otto lebt sie in Bayreuth in unmittelbarer Nachbarschaft zu den Wagners und hält seit dem 1. Januar 1940 fast täglich fest, was so alles passiert. Die 23 eng beschriebenen Hefte mit Tausenden von Seiten befinden sich heute im »Nationalarchiv der Richard-Wagner-Stiftung Bayreuth«. Sie lassen nach innen blicken und entfalten eine Chronik des Alltäglichen. Gertrud Strobel notiert, mit wem sie telefoniert und wer sie besucht, hält fest, in welchem Restaurant der Stadt sie und ihr Mann essen und was. Und sie hat die Nachbarn im Blick, wenn sie aus ihrem Fenster schaut und danach aufschreibt, was in Wahnfried geschieht. Auch hält sie fest, was und wann sie für die »Richard-Wagner-Forschungsstätte« arbeitet. Hier sind sie und ihr Mann angestellt. Das im Mai 1938 begründete staatliche Institut, das der Reichskanzlei untersteht,[7] ist die Vorgängereinrichtung des heutigen Nationalarchivs. Die Strobels verwalten Briefwechsel sowie die handschriftlichen Partituren Richard Wagners, man sichtet Dokumente, ediert Briefe, verfasst Aufsätze, gibt Vorträge, unterhält eine Spezialbibliothek. Auch überprüft man, was andere im Land über Richard Wagner schreiben. Zudem verlangt die Familie immer wieder Informationen aus erster Hand zum Stammvater und die Strobels arbeiten den Wagners gewissenhaft zu.

Unter dem Datum des 15. Septembers verzeichnet Gertrud Strobel den Erhalt von Post. Der Brief kommt aus Nußdorf und zeigt Wagners Hochzeit an. Zufrieden macht sie nicht, was sie hier liest, zwar hält sie fest: »Das wäre nun eine einstweilige Klärung der Situation«, fügt aber hinzu: »Wie wird es weitergehen???«

Komplizenschaft

Getrud Strobel ist überzeugte Nationalsozialistin und kommentiert loyal das Kriegsgeschehen, das ihr gelegentlich Empathie für das Leiden der Menschen abringt. Dabei hängt ihre Stimmungslage aber weder hiervon noch vom Wetter ab, sondern vielmehr davon, wie die Wagners sich bekriegen. Ihre Aufgabe sieht sie darin, mitzusteuern, um die Festspiele in die rechten Bahnen zu lenken. Dabei ist ihr die gegenwärtige Leitung immer wieder ein Dorn im Auge, sie hat die nächste Generation im Blick. Wagner mit seinem schwierigen Verhältnis zur Mutter findet in ihr und ihrem Mann Komplizen.

keine Lustgefühle

Der ist unleidig. Seiner Mutter folgt er widerstandslos, was ihn mürrisch macht. Dynastisch gesehen stimmt es wohl mit der Verbindung, die Wagner eingeht. Eltern und Verwandte der Braut sind überzeugte Nationalsozialist:innen, vor allem ihr Onkel als Architekt hochangesehen. Hans Carl Reissinger verwirklicht seit 1933 in Bayreuth große Bauvorhaben wie das Haus der Deutschen Erziehung und die Ludwig-Siebert-Halle für Konzerte und Parteiversammlungen. Auch die Planungen zum Bayreuther Gauforum mit Stadttheater und Aufmarschplatz stammen von ihm, die Reputation der Familie, in die Wagner einheiratet, ist somit vorzüglich. Es ist etwas anderes. Gefangen in der an ihn gerichteten Erwartung geht ihm das Gefühl ab. Die platonische Zuwendung an die Schulfreundin ist ihm nicht geheuer. Wagner heiratet Gertrud, obwohl er »unfähig war«, wie sie kundtut, ihr »Lustgefühle zu verschaffen«.[8] Eine »verkappte homoerotische Anlage«, von der sie auch berichtet, kommt hinzu.[9]

Familiengeschichten

Wagner hängt seinen Gedanken nach und erinnert sich an das, was in der Familie erzählt wird. Im Jahre 1915 tobt wie jetzt ein Weltkrieg und man macht sich Sorgen. Festspielleiter Siegfried Wagner ist unverheiratet, aber schon Mitte vierzig und führt das Leben eines Dandys. Seine Homosexualität ist kein Geheimnis, die Erbfolge ungeklärt. Man zaubert mit der siebzehnjährigen Winifred Klindworth eine Braut aus dem Hut, die aus England nach Bayreuth reist. Ihre Stiefeltern verehren Richard Wagner über alle Maßen und überlassen die kindliche Braut ihrem Bayreuther Schicksal. Die nimmt es an, rettet den Wagnerclan mit dem Jawort für einen Mann, den sie kaum kennt, der sich aber bereit erklärt, seinen ehelichen Pflichten mit ihr nachzukommen.

Es klappt. Als erstes Kind kommt Stammhalter Wieland am 5. Januar 1917 auf die Welt, und schnell folgen die Geschwister Friedelind, Wolfgang und Verena. Sie wachsen in der Familienvilla auf, mit Großmutter Cosima Wagner, den Tanten, den Eltern, dem Personal. Dann erhält die Familie überraschenden Besuch. Im Oktober 1923, als Wagner sechs Jahre alt ist, kommt Adolf Hitler nach Wahnfried, besucht die Eltern und den Onkel Houston Stewart Chamberlain, vor allem aber das Grab des Großvaters. Der aufstrebende Politiker pflegt eine ausgeprägte Leidenschaft für die Oper, Richard Wagners Bayreuth und die Idee des Gesamtkunstwerks. Wagners Mutter wird politisch aktiv und hält flammende Reden auf den Diktator in spe. Im Sommer 1925 erlebt Hitler am 28. Juli seine erste Bayreuther *Götterdämmerung*,[10] er ist wie berauscht, Oper als Droge. Auch ohne genetische Verbindung ist Wolf, wie die Kinder Hitler nennen, jetzt Teil des Clans, ein väterlicher Onkel, der ab 1930, dem Todesjahr von Siegfried Wagner, zum Ersatzvater avanciert. Hitler kommt 1933 als Reichskanzler erneut zu den Festspielen und wohnt nun einem vollständigen Bayreuther *Ring* bei. Das neue Staatsoberhaupt entsendet nicht nur in diesem Jahr, sondern auch fortan viel Geld nach Oberfranken. Im ganzen Land lässt er seit 1935 Opernhäuser neu- oder umbauen. Mit einem besonderen Detail versetzt er sich selbst als neobarocken Herrscher in die Mitte der Architektur: mit den landauf, landab eigens für ihn gebauten Führerlogen. In den meisten hat er nie gesessen, dennoch erzeugen sie Machtpräsenz, auch wenn der Diktator nicht zugegen ist. Die Wagners durchleben ihren postaristokratischen Adelsstand mit Hitler an der Seite, der sie zur ranghöchsten deutschen Familie mit Standleitung zum Regenten macht und der die vielen privaten Ausflüge mit den Wagners genießt. Bayreuth ist Hitlers Hoftheater, wie Thomas Mann feststellt. Wie ein barocker Herrscher aber versteht sich Hitler nicht nur als Financier, sondern er gestaltet mit und lässt den weltberühmten Alfred Roller, den er wie Richard Wagner verehrt, nach Bayreuth engagieren. In der Saison 1934 entwirft Roller die Bühnenbilder für die erste *Parsifal*-Neuinszenierung nach der Uraufführungsproduktion.

Fotograf

Wagner seinerseits will Künstler werden. Er folgt fortan den Fußstapfen des Großvaters, des Vaters und Hitlers, einer Trias, der er die große Hinwendung zur bildenden Kunst verdankt. Zunächst zeichnet er und malt, vor allem aber fotografiert er, lichtet Blumen ab, den Hofgarten, das Grab des Vaters. Und er fertigt Porträts an.

Oper als Programm

Im Jahr 1935 publiziert das Deutsche Opernhaus Berlin eine Festbroschüre, die nach dem Umbau des Hauses zur Wiedereröffnung erscheint. Aufwändig mit Farbabbildungen ausgestattet, druckt man das Ganze in Präge- und Goldschrift teuer auf Pseudobütten. Am Schluss der Broschüre begründet man den Aufwand: »Werbung für Oper«, heißt es dort, »hat propagandistisch wie ihr Gegenstand kulturellen Aufgaben zu dienen.«[11] Das Heft zeigt ganzseitig eine Schwarzweißfotografie von Hitler und seinem Propagandaminister Joseph Goebbels: die Spitze des Staates als Liebhaber der Oper im Doppelporträt.

Die Männer in Nahaufnahme. Hitler lächelt. Auch Goebbels ist zufrieden. Die Politiker schauen nach unten und erblicken etwas, was der Betrachter der Fotografie nicht sehen kann, weil es außerhalb des Bildausschnitts liegt. Hingegen zeigt sich viel glänzendes pomadisiertes Haar. Hitlers Scheitel ist eine perfekt frisierte Linie. Helle Lichtstellen im Dunkel des Hintergrunds greifen die Kontraste des Vordergrunds klug auf. Das Bild ist eine passende Komposition zum Anlass: Die Männer sind für einen festlichen Abend in Schwarz gekleidet, ihre Anzüge ohne die üblichen Symbole der Zeit, nur ein winziges Parteiabzeichen ist an Goebbels' Revers zu erkennen. Was aber nehmen Hitler und Goebbels in den Blick? Vielleicht den Besetzungszettel der Aufführung, die sie besuchen, mit den Namen von Sänger:innen, des Regisseurs, des Bühnenbildners, des Dirigenten. Oder betrachten sie die Pläne zum Umbau des Berliner Opernhauses, die sie mit dem abgleichen, was sie vor Ort sehen?

Strategen bei der Arbeit

Wagner ist Autodidakt, er schnappt auf, was er sieht, und erfasst, was die Bilder, die aktuell publiziert werden, ihm anbieten. In den Tageszeitungen, den Illustrierten, Filmen und Bildbänden. Die Fotografen lichten immer wieder Gruppen mit Funktionären ab, die wie Hitler und Goebbels im Opernbild nach unten blicken. Es ist ein ikonografischer Topos: Militärs und Politiker beugen sich leicht nach vorne und betrachten überaus interessiert etwas, das vor ihnen ausgebreitet ist. Anders als im Berliner Opernbild erkennt man aber sonst meist, was die Uniformierten mit Hitler in ihrer Mitte anschauen. Es sind Papiere, Landkarten und Modelle für Feldzüge, Städte oder Konzentrationslager. So der Standard. Das Opernbild spitzt das Motiv zu, indem es reduziert. Die Planungsarbeit am Staat wird so inszeniert, als hätte der Fotograf eine Lupe verwendet: die beiden wichtigsten Männer des Nationalsozialismus im Zoom, die auf die Oper schauen, als sei sie ein weites, weites Feld. Das Weglassen ist ein künstlerischer Schachzug des Fotografen, der die Kunst in das imaginierte Innerste des Staates zieht.

Das Impressum der feinen Broschüre führt die an ihr Beteiligten fast vollständig auf: die Autoren der Texte, die Grafiker und die Druckwerkstatt. Nur der Fotografenname zum Doppelporträt fehlt. Der aber lässt sich herausfinden, da die Fotografie auch als Postkarte vertrieben wird, auf welcher der Künstler des mit dem Broschürenfoto identischen Postkartenbilds verzeichnet ist: »Wieland Wagner«.[12]

Winifred Wagners Liste

Der junge Wagner will mehr als nur fotografieren, ihn interessiert alles, was die bildende Kunst ihm bietet. Malerei und Bühnenbildnerei verdrängen dabei zunehmend die Fotografie.

Ihm hilft, dass er anders als sein Bruder Wolfgang zu Kriegsbeginn nicht eingezogen wird. Wie es dazu kommt, berichtet der in seinen Memoiren, die er 1994 unter dem Titel *Lebens-Akte* vorlegt. Hitler persönlich kümmert sich demzufolge darum und beauftragt Winifred Wagner, ihm eine Liste mit fünfundzwanzig jungen Männern zusammenzustellen, die mit Beginn des Krieges 1939 sofort freizustellen sind: Sie komponieren, malen, singen oder entwerfen Bühnenbilder für die Oper. Nur eine Handvoll der Namen auf dieser Liste ist bekannt geworden. Zwei von ihnen interessieren Hitler besonders.[13]

Ulrich Roller

Hochbegabt, sensibel und dunkelhaarig gleicht Ulrich Roller einer Figur, die Thomas Mann hätte erfinden können. Beruflich folgt der 1911 geborene seinem berühmten Vater, dem Maler und Grafiker Alfred Roller, und tritt in dessen Fußstapfen. Vater Roller ist Professor der Kunstgewerbeschule, hochangesehener Vertreter der Moderne, Mitbegründer der Wiener Secession und gefeierter Bühnenbildner der dortigen Oper. Seine Arbeiten ziehen zu Beginn des Jahrhunderts auch den jungen Hitler in seinen Bann. Ulrich Roller legt man im Sommer 1934 bei seiner Verhaftung im Zuge der Ermordung des österreichischen Bundeskanzlers Engelbert Dollfuß zur Last, mit den Nationalsozialisten gemeinsame Sache zu machen. Er kommt ins Gefängnis. Vater Roller verstirbt 1935, während Sohn Ulrich seine Strafe absitzt. Aus dem Gefängnis entlassen, nimmt dessen Karriere Fahrt auf. Sein erstes Engagement führt ihn als Bühnenbildassistenten nach Bayreuth, wo er Wagner berät und hilft. Dann geht es nach Berlin. Roller trifft hier auf den wichtigsten Bühnenbildner im Land, Benno von Arent,[14] der nicht nur fur das Theater ar beitet, sondern auch Aufmärsche inszeniert, Mode, militärische Uniformen und Anstecknadeln entwirft. Nach dem Anschluss Österreichs geht es an die Wiener Staatsoper, eine der ersten Adressen des Regimes in Sachen Oper seit 1938.

Ausbildung

Der zweite auf Winifred Wagners Liste ist Sohn Wieland. Wie Roller will er Bühnenbildner werden, nicht zuletzt, um Hitler zu imponieren. Zunächst kümmert sich Jugendstilkünstler Franz Stassen als Freund des Vaters um die künstlerische Erziehung des Jungen, mit dem er Skizzen zu Opern des Vaters und Großvaters anfertigt. In Lübeck spielt man den *Bärenhäuter* von Siegfried Wagner in Kulissen, die auf Skizzen des Sohnes zurückgehen, wie Paul Bülow im Festspielbuch von 1936 berichtet.[15] Hier kündigt er auch an, dass ein Entwurf des jungen Wagners zur *Götterdämmerung* in Detmold ausgestellt wird. Im Jahr 1936 erhält Wagner dann einen ersten Auftrag: Ausgerechnet er soll Alfred Rollers Bayreuther *Parsifal*-Bühnenbilder der vorangegangenen Spielzeit überarbeiten.[16] Die Reaktionen auf dieses Debut 1937 fallen schlecht aus. Joseph Goebbels nennt die Arbeit in seinem Tagebuch handwerklich missraten, »verunglückt« und »dilettantenhaft« erscheinen ihm die Bühnenbilder,[17] auch Benno von Arent missfallen sie.[18] Wagner beginnt zu verstehen: Weder der berühmte Name noch seine Herkunft garantieren ihm Beifall. So beginnt er 1938 ein Privatstudium bei Ferdinand Staeger, Professor an der Münchner Kunstakademie, der ihn vier Jahre lang in Malerei unterrichtet.[19] Auch die Musik lernt Wagner unakademisch. Mutter Winifred Wagner holt den Chefdirigenten der Heidelberger Oper, Kurt Overhoff, 1940 nach Bayreuth, wo er für die gleiche Gage wie in Heidelberg als Wagners privater Musiklehrer seine neue Aufgabe wahrnimmt.

Freundschaftsversprechen

Hitler ist Wagners Mentor. Der Diktator verfolgt einen barock anmutenden Hang, das Denkbare in Architektur, Theater, Malerei und Städtebau mit sich selbst im Mittelpunkt zu inszenieren, es ist Teil seiner Politik. Wagner kennt Hitler als den Freund der Eltern von klein an und erbietet ihm Respekt. Der engagiert sich für ihn, und es ist nicht wenig, was Hitler für Wagner tut. Er schanzt ihm Aufträge zu, stellt ihn vom Militär frei und lässt sich von ihm fotografieren. Letzteres ist deshalb nicht gering einzuschätzen, weil Hitler die Bildrechte an seinem Konterfei sonst nur Heinrich Hoffmann einräumt. Wagner aber darf seine Hitlerfotos vermarkten. Außer dem Doppelporträt mit Goebbels ist ein weiteres Hitlerfoto bekannt.[20] Es erscheint als Postkarte sowie in Programmbüchern der Bayreuther Festspiele 1934 und 1939 sowie der Richard-Wagner-Festwochen 1936 und 1938 in Detmold.

Das Geschäft mit den Führerbildern ist einträglich. Sie bringen dem Siebzehnjährigen im Mai 1934 einen Verdienst von 952,30 Mark, im Juni sind es 900,60 Mark und im August 681,68 Mark.[21] Der Wert der Reichsmark damals entspricht heute dem von vier bis fünf Euro.

Feindschaften

Zurück in den Frühherbst des Jahres 1941. Wagner verfasst am 17. September in Nußdorf einen Brief an Overhoff.[22] Frustriert wegen der Hochzeit, beginnt Wagner zu agieren: Es geht ihm um die Festspielleitung. Die wird er nur übernehmen können, wenn er sich sowohl als Bühnenbildner wie auch als Regisseur der Opern seines Großvaters einen Namen macht. Im Nationalsozialismus ist die Kunst ein mächtiges Instrument. Eine ästhetisch geschickte Positionierung im System ist ratsam, und so nimmt Wagner aus der Ferne des Bodensees Sicht auf den Kleinkrieg in Bayreuth. Seine Mutter ist zwar prinzipiell nicht abgeneigt, den Sohn zu unterstützen. Sie denkt ja dynastisch, wie die von ihr erzwungene Hochzeit zeigt, die Nachwuchs sicherstellen soll. Die Festspielleitung abzugeben, dazu ist sie, Anfang vierzig, aber nicht bereit. Auch ärgert sie, dass Hitlers Aufmerksamkeit nicht mehr ihr, sondern dem Sohn gilt. Wagner hat noch andere Vorbehalte. Der Mutter, Engländerin von Geburt, steht die Position nicht zu: Sie ist keine echte Wagner.

Mit seinem Angriff im Brief rückt er konkret aber jemand anderem zu Leibe. Nach dem Tod des Vaters hatte die Mutter Heinz Tietjen mit ins Boot der Festspielleitung geholt und verfügt mit dem schillernden Tausendsassa des deutschen Theaters über einen starken Komplizen. Mutter und Tietjen sind ein Paar, und er ist als Generalintendant der Staatstheater in Berlin, als Dirigent und Regisseur einer der mächtigsten Theatermänner im Reich. Als Regisseur bedient er das Fach, in das Wagner hineinwachsen will. Der Empfänger von Wagners Brief, Kurt Overhoff, ist wie Tietjen Dirigent. Man studiert gemeinsam die Partituren, die Texte und die Geschichten der Opern, deren Inhalte die Werke zum Kernrepertoire des deutschen Großbürgertums machen: *Der fliegende Holländer*, *Tannhäuser*, *Lohengrin*, *Tristan und Isolde*, *Die Meistersinger von Nürnberg*, *Der Ring des Nibelungen*, *Parsifal*. Der Titel des Kurses, wenn er im Vorlesungsverzeichnis einer Universität gelistet wäre, würde lauten: Richard Wagner, seine Musik, seine Welten.

Werktreue

Eine Konferenz zur Zukunft Bayreuths stehe ins Haus, führt Wagner im Brief aus. Er macht sich auf die Suche nach Argumenten gegen die Festspielleitung. Als Ritardandi bezeichnen Musiker:innen organisch auszuführende, kaum merkbare Verlangsamungen im Fluss der Musik, die der Ausdruckssteigerung dienen. Wagner hält in seinem Brief an Overhoff fest, dass Tietjen mit seinem Dirigat solche Ritardandi nicht analog den Vorschriften von Richard Wagner ausgeführt habe. Er habe sie mehrere Takte zu früh beginnen lassen. Gemeinsam habe man dies während des Dirigats des Konkurrenten beim Mitlesen der Partitur verfolgen können, erinnert er Overhoff. Und er verlangt, dass Overhoff bei dem anstehenden Treffen Tietjen bloßstellen möge. Wagner argumentiert mit einem wichtigen Konzept: Der Wille des Komponisten, so wie in der Partitur festgehalten, sei unangreifbar, stehe über allem. Werktreue verlange, dass sich die Ausführenden dem Autor nicht nur musikalisch, sondern auch szenisch fügen. Dirigent, Regisseur und Bühnenbildner haben dem nachzueifern, was die Partitur vorschreibt, und reproduzieren so das Werk, ohne eigene künstlerische Ambitionen zu verfolgen.

Was sich dem Ohr eher entziehe, erkenne das Auge schneller: die Differenz der auf dem Theater gezeigten Bilder zu dem, was der Autor als die einzig denkbare Lösung vorzugeben scheint. Zwar gilt das Werktreuegebot, das der Nationalsozialismus hochhält, zugleich aber zeigt sich der Notstand eingeschränkter Kreativität für den Regisseur, der ein Künstler zu sein hat. Ein Dilemma.

Mutterrecht

Im Oktober lebt das Ehepaar Wagner weiterhin bei der Mutter in Nußdorf. Zwar reist Gertrud Wagner von hier aus nach Perugia, wo sie Italienisch lernt, bricht den Kurs aber ab, weil ihr die Versorgung mit Lebensmitteln in Italien zu schlecht ist.[23] Viel gemeinsame Zeit verbringen die drei im Haus am Bodensee somit nicht. Wenn man aber beisammensitzt, macht

Winifred Wagner deutlich, wer das Sagen hat. Sie liest dem Paar vor. Das Buch stammt aus dem Jahr 1861, trägt den Titel *Das Mutterrecht* und entwickelt auf über 1 000 Seiten eine für seine Zeit ungewöhnliche Idee der Geschlechterordnung. Johann Jakob Bachofen hinterfragt das Patriarchat, und Winifred Wagner zeigt sich fasziniert. Was sie den Kindern vorliest, sagt ihr mehr zu als das, was der neue Staat den Frauen zubilligt.

Ehrenkreuz

Dies zu erläutern, lohnt einen weiteren Rückblick, diesmal auf die Festspiele kurz vor Kriegsbeginn. Hitler und Winifred Wagner zeigen sich 1939 zwar noch gemeinsam der Öffentlichkeit, das einst enge Verhältnis der beiden aber ist schon getrübt. Hitler bedient derweil gewohnt virtuos die Propagandaklaviatur von Wagnerkult und Ideologie mit einer feinsinnig ausgedachten Programmatik. Im Reigen der üblichen Geschichten rund um die Festspiele erscheint am 31. Juli 1939 eine Notiz in der *Ostmark*. Hier steht zu lesen, dass Hitler der vierfachen Mutter Winifred Wagner persönlich das »Ehrenkreuz für die deutsche kinderreiche Mutter« ansteckt. Ein Porträt der Geehrten und ein Familienbild aus vergangenen Tagen ergänzen die Nachricht.

Winifred Wagner, die das Mutterkreuz trägt, sieht pflichterfüllt aus. Ihre offenen Lippen geben die obere Zahnreihe frei. Sie lächelt hier aber mal nicht für die Kamera, trägt ein geblümtes weites Kleid wie so oft. Das florale Motiv erinnert an andere Presseauftritte der Chefin. Daneben der Auszug aus dem Familienalbum der Wagners, ein Idyll aus alten Zeiten, man ist komplett und das in richtiger Ordnung. Von links oben nach rechts unten: Vater Siegfried Wagner und die beiden Jungen zuerst, dann die Mutter und die Mädchen in dem vom

Fotografen eingerichteten Tableau. Der Vater am höchsten, stehend, dann hinunter bis zu Baby Verena, der Jüngsten. Die Mutter dazwischen.

Material Mensch

Einen Monat nach der Verleihung des Ehrenkreuzes an Winifred Wagner greift Deutschland Polen an. Es ist Krieg. Die Auszeichnung kinderreicher Mütter kommt rechtzeitig. Sie soll den Tod von Soldaten legitimieren und zugleich zu ertragreicher Familienplanung anspornen. Junge Männer werden gebraucht, und je mehr von ihnen fallen, desto mehr Nachschub ist vonnöten. Der Nationalsozialismus zeichnet die Frauen dafür aus, dass man ihnen keine Wahl lässt, ihre Söhne zu opfern. Winifred Wagner sträubt sich, die eigenen Söhne einem möglichen Heldentod zu überantworten.

Gewitzt ist der Zeitpunkt der Ehrung, von der die *Ostmark* vom 31. Juli 1939 berichtet. Winifred Wagner erhält ihr Mutterkreuz in der Pause einer *Walküren*-Aufführung, die auch Hitler besucht.[24] Hitlers Politdramaturgen zeigen sich auf der Höhe ihrer Inspiration, wenn nicht der Diktator selbst die Idee hatte, die Kunstwelt mit der Welt des tatsächlichen Krieges aufeinander zu beziehen. Die *Walküre* ist nicht irgendeine Oper im *Ring des Nibelungen*, in ihr haben die Zwillinge Sieglinde und Siegmund miteinander Geschlechtsverkehr. Sie zeugen Siegfried, Vorbild des unerschrockenen Kämpfers für die wirklichen Soldaten der Kriegsfestspiele. Wie die jetzt geehrten kinderreichen Frauen ist auch Sieglinde aufopfernde Mutter. Sie stirbt bei der Geburt, lässt ihr Leben für das des Helden.

Bogenhausen

Im November 1941 lassen sich Wagner und seine Frau, die schwanger ist, in München nieder. Hitler, den die Nachricht von der Hochzeit überrascht, offeriert dem Paar ein Haus, berichtet Getrud Wagner. Aber man lehnt das wertvolle Geschenk ab. Warum, behält Gertrud Wagner für sich.[25] Es kommt Hilfe von anderer Seite. Wagners Mutter treibt eine Wohnung in der Lamontstraße 8 im großbürgerlich geprägten Bogenhausen auf.[26] Hier ist man ganz in der Nähe anderer wichtiger Orte der Stadt. Im prächtigen Prinzregententheater von 1901, dem das Bayreuther Festspielhaus als Modell diente, spielt man wie überall im Land Stücke, welche die Diktatur verherrlichen. Am Kopf der Lamontstraße, auf einem zurückspringenden Platz der Prinzregentenstraße, befindet sich das Richard-Wagner-Denkmal von 1913. Der Großvater sitzt hier, als wache er über Raum und Zeit. Entlang der Hauptstraße geht es zurück in Richtung Innenstadt, hier steht Hitlers Haus der Kunst. Er selbst residiert am Prinzregentenplatz 16 in seiner Privatwohnung, die sich fußläufig zur neuen Bleibe der Wagners befindet.

Deportation

Am 20. November verschleppt man von München aus erneut Juden in die Konzentrationslager. Diesmal sind es 1 000 Männer, Frauen und Kinder. Heute betreibt die Stadt eine Website mit dem »Biographischen Gedenkbuch der Münchner Juden 1933 bis 1945«,[27] eine Datenbank mit zigtausenden von Lebensläufen. Wie in einem überdimensionierten Karteikasten lässt sich aufblättern, wer von ihnen wo in München lebte und wann man wen wohin abtransportierte. Die Datenbank zeigt, dass Hunderte Juden einst im Viertel der Wagners wohnten, in der Möhlstraße, der Holbeinstraße, der Ismaningerstraße sowie rund um die Lamont- und Geibelstraße: Prokuristen, Verkäuferinnen, Fürsorger, Rentner, Klavierlehrerinnen, Gesangslehrer, Schlosserlehrlinge, Studienprofessoren, Hausangestellte, Fabrikanten. Juden aber, die man an ihrem Stern erkannt hätte, sind den Wagners im Viertel wohl kaum noch begegnet. Die Datenbank listet niemanden auf, der im November 1941 hier noch lebte.

Kaulbachstraße

Gertrud Wagner ist schon länger in München und arbeitet seit 1936 im Bauamt der bayerischen Regierung. Ihr Architektenonkel Hans Reissinger hat ihr die Stelle vermittelt.[28] Sie ist Sekretärin bei Friedrich Gablonsky, Städteplaner und Professor an der Technischen Hochschule in München, der für den Umbau einer prunkvollen Villa verantwortlich zeichnet, die einst dem berühmten Münchner Maler Friedrich August von Kaulbach gehörte. Die Stadt erwirbt das Gebäude, und im Jahr 1937 bezieht Münchens Gauleiter Adolf Wagner die Villa. Im gleichen Jahr kündigt Gertrud Wagner ihre Stelle als Sekretärin, sie möchte in die Kunst. Die Tänzerin und Choreografin Dorothee Günther betreibt zusammen mit dem Komponisten Carl Orff eine Schule, die sie zu einer der wichtigsten Adressen des modernen Ausdruckstanzes im Land macht. Die Gauleiterresidenz liegt der Güntherschule, an der Gertrud Wagner sich einschreibt, gegenüber. Ein Jahr später, im Oktober 1938, beginnt auch Wagner sein Malereistudium und bezieht in unmittelbarer Nähe zu Schule und Villa ein Atelier, das die Adresse »Kaulbachstraße 12, Gartenhaus« aufweist. Gauleiterresidenz, Tanzschule und Atelier wie ein Dreieck für Kunst und Politik. Gertrud Wagner hält in ihren Erinnerungen fest, dass die gut vernetzte Schwiegermutter auch diese attraktive Immobilie für den Sohn aufgetan hatte:

ein Atelier, das gerade »eine alte Malerin, vermutlich wieder eine Verfolgte des Regimes«, wie Gertrud Wagner schreibt, »aufgegeben hatte«.[29]

Vorbesitzer

Unter welchen Umständen diese »Aufgabe« erfolgte, verschweigt Gertrud Wagner. Der Versuch, die bewegte Geschichte des Ateliers zu rekonstruieren, nimmt seinen Ausgang in der Terminologie. Das Wort »Gartenhaus« bezeichnet Unterschiedliches und taucht im 19. Jahrhundert in Berlin auf. Hier ist ein mehrstöckiges Querhaus in stickiger Hinterhofatmosphäre gemeint und die Bezeichnung ein Versuch, etwas schönzureden. Das Münchner Haus dürfte idyllischer gewesen sein: im Garten des Wohnhauses, vielleicht in Holz, das Sommerfrische und sanfte Winde, Kaffee und Kuchen auf der Veranda verheißt. Eigentlich wohnt man dort nicht, in der Kaulbachstraße aber war das anders. Im Jahr 1896 zieht Anita Augspurg hier ein, die gelegentlich tatsächlich malte und in München lange das berühmte Fotoatelier *Elvira* betrieb, in dem ausgerechnet der junge Heinrich Hoffmann, Hitlers Leibfotograf, seine ersten Meriten verdiente. Wenige Jahre später zieht Lida Gustava Heymann ebenfalls in das Gartenhaus ein. Die Frauenrechtlerinnen sind ein Paar und bringen in der Kaulbachstraße die Münchner Zentrale der »Internationalen Frauenliga für Frieden und Freiheit« unter.[30] 1907 verlegen Augspurg und Heymann ihren Hauptwohnsitz aufs Land, wohnen aber im Gartenhaus, wenn sie in München sind. Ganz klein kann das Haus nicht gewesen sein. Mit Antonie Pfülf zieht 1928 eine neue ständige Bewohnerin ein. Die Sozialdemokratin und Pazifistin gehört der Weimarer Nationalversammlung an und setzt sich besonders für Frauenrechte ein. Vor allem aber ist sie eine der wenigen Parlamentarier:innen, die im März 1933 gegen das Ermächtigungsgesetz, das Hitlers Diktatur festigt, stimmen. Ihre politische Verfolgung durch die neuen Machthaber treibt Pfülf in den Suizid, sie nimmt am 13. Juni 1933 Schlaftabletten im Gartenhaus und verstirbt im Schwabinger Krankenhaus. Augspurg und ihre Frau leben zu dieser Zeit schon im Schweizer Exil. Die Anwesen der Adressen Kaulbachstraße 10 und 12 gehören seit 1923 dem Bayerischen Staat,[31] von dem die Wagners das Gartenhaus 1938 übernehmen.

Sideboard aus falschem Marmor

Zurück in den November 1941: Die große Wohnung in der Lamontstraße will ausgestattet werden. Sie ist leer, und in Kriegszeiten Mobiliar für die vielen Zimmer aufzutreiben, gerät anspruchsvoll. Aber Winifred Wagner hat ihre Quellen und besorgt Möbel »vermutlich aus dem Besitz vertriebener Juden«, wie Gertrud Wagner festhält, »günstig gekauft«. Nicht die Herkunft der Sachen missfällt der Schwiegertochter,[32] sie mag die Möbel nicht. Zum Beweis für den unmöglichen Geschmack der Schwiegermutter erwähnt sie ein »Sideboard aus grün marmoriertem Holz«. Wegen eines aus »Berlin herbeigeschafften neobarocken Schlafzimmerschranks« kommt es zum Ehestreit. Gertrud Wagner wäre statt der Stilmöbel eine Bauhausausstattung wohl lieber gewesen, schließlich ist sie als Tänzerin der Güntherschule der Moderne begegnet. Wagner bezieht Stellung, weist seine Frau vor Winifred Wagner zurecht und lässt seinem Jähzorn freien Lauf: Er ohrfeigt sie.

Gesetz

Am 25. November legalisiert der Staat, dass man Juden enteignet. Häuser, Wohnungen, Kunstwerke, Antiquitäten, Möbel, Werte wie Gold und Schmuck gehören nicht mehr ihren

Besitzer:innen. Die so genannte Arisierung ist jetzt rechtmäßig: von Staats wegen erlaubter Raub.

Gaukunstausstellung

Ende November eröffnet Fritz Wächtler, Gauleiter der Bayerischen Ostmark, die Gaukunstausstellung in Bayreuth. Die Ostmark ist einer der großen Flächengaue im Reich und erstreckt sich als ein langes Rechteck von Coburg und Hof im Norden bis nach Passau und Braunau im Süden. Die Ausstellung findet im Haus der Deutschen Erziehung statt. Die Zeitungen berichten. Der Amberger Maler Walter Dolch steuert ein Bild *Hochofenarbeiter* sowie eine Waldszene bei. Sie erinnert an Fafners Höhle, ein Motiv aus Richard Wagners *Ring*, wie ein Rezensent im *Bayreuther Tagblatt* vom 21. November festhält. Fafner, der Riese, bewahrt den begehrten Ring in dieser Höhle auf, bis Siegfried ihn ermordet und die Macht an sich reißt. Die *Ostmark* vom 28. November stellt Gemälde, Zeichnungen und Skulpturen vor, die Blumen, Heimatszenen und Menschen bei der Arbeit vor Ort und an der Front darstellen. Hier schreibt Rupert Limmer, der die Stimmung des Aquarells *Sieben deutsche Gräber in Minsk* bewundert. Ein anderer Maler trägt einen großen Namen: Er, Wagner, zeigt drei Werke auf der Leistungsschau der ostmärkischen Kunstszene, neben einer kleinformatigen Zeichnung, die Schwester Verena porträtiert, ein Interieur sowie ein Bild des Vaters. Letzteres, ein stattliches Ölgemälde, hat Hitler schon ein Jahr zuvor in München auf der »Großen Deutschen Kunstausstellung« zeigen lassen. Der Sohn malt Vater Siegfried in Dreiviertelansicht.

Es ist ein durch und durch naturalistisches Porträt. Siegfried Wagner hält eine glimmende Zigarette in der linken Hand. Eine Rauchschwade verzieht sich nach oben. Sie ist aber noch nicht vollständig verschwunden, wie die sich verflüchtigende Wolke zeigt, die der Künstler virtuos einfängt. Siegfried Wagner trägt einen schweren Mantel mit breitem Kragen. Er nimmt den Betrachter würdevoll und männlich in seinen Blick. Die Augenpartie mit ihren stechenden Punkten der Linsen arbeitet der Künstler wie auch in anderen Porträts präzise aus. Im unteren Teil lässt er die Figur im Dunkel der Farben verschwinden.

Aktmalerei

Rupert Limmer kommentiert dieses Bild in seinem Artikel nicht. Auch lässt er sich nicht zum Bild von Wagners Schwester aus, mit dem die Zeitung den Artikel illustriert. Ausführlich nimmt er sich aber der dritten Arbeit Wagners an, auch weil er eingangs seines Artikels fragt: »Wo bleibt der Akt?« Hellhäutige, wohlgeformte nackte Körper, antikisierend wiedergegeben, lohnen sich zu malen, so Limmer. Er zeigt sich überzeugt, dass die Künstler sich dem »rassischen Schönheitsideal« noch zuwenden werden. Wagners originell komponiertes Ölbild mit dem Titel *Atelierecke* lässt den Betrachter in die Wirkungsstätte eines Malers blicken. Ohne selbst im Bild sichtbar zu sein, ist der Künstler, vor der Leinwand stehend, dennoch präsent. Im Hintergrund zeigt Wagner einen entblößten weiblichen Körper.

Das Hauptstaatsarchiv in München bewahrt heute Wagners Nachlass auf, in dem sich einige seiner Zeichnungen befinden. Es sind nur die Überreste des malerischen Oeuvres Wagners, das in großen Teilen als verschollen gilt. Wagner skizziert seine Ehefrau auf diesen Bildern vielfach als Akt. Auch die Figur in der *Atelierecke* dürfte Gertrud Wagner darstellen, die nicht nur hier im Hintergrund bleibt.

Rückzug

Am 3. Dezember verfasst Wagner einen Brief an die Festspielleitung,[33] in dem es ihm um den gefeierten Bühnenbildner Emil Preetorius geht. Mit seinen Ideen für die Oper steht Preetorius für moderate Neuerungen, die auf den Arbeiten des großen Adolphe Appia fußen und die den weitverbreiteten Naturalismus zu reformieren suchen. In Bayreuth arbeitet Preetorius mit Tietjen zusammen, ihr Meisterstück ist der *Ring* aus dem Jahr 1933, den man im Sommer den Arbeiter:innen und Soldaten zeigte. Wagner fragt in seinem Brief, wer nun eigentlich für die Bühnenbilder der geplanten Neuproduktion des *Tannhäusers* in der kommenden Spielzeit verantwortlich sei. Wagner ruft der Mutter in Erinnerung, dass sie ihn, und das vor Zeugen, mit den *Tannhäuser*-Bühnenbildern schon beauftragt habe. Auch sei man sich darüber einig gewesen, dass er so erstmalig eigenverantwortlich in Bayreuth arbeiten solle, um den Wechsel in der Leitung der Festspiele vorzubereiten. Wie er aber nun in Erfahrung gebracht habe, sei der Auftrag für die Bühnenbilder an Preetorius vergeben worden, der schon am *Tannhäuser* arbeite. Wagner teilt der Mutter mit, dass er den an ihn ergangenen Auftrag nun nicht mehr ausführen werde, und begründet seinen Verzicht damit, dass die 60 000 Reichsmark für die Bühnenbilder von Preetorius schon ausgegeben seien.

eigene Leitsätze

Wagners Rückzug erscheint nobel. Er wirbt in seinem Brief aber weder für eine eigene künstlerische Position, noch kritisiert er, was der Widersacher ästhetisch macht. Allerdings beginnt er zu verstehen: An dieser ästhetischen Instanz wird er nicht vorbeikommen. Genau hier setzt er an und will sich informieren, was Preetorius eigentlich künstlerisch möchte. So bittet er Otto Strobel brieflich am 5. Dezember um Hilfe.[34] Es interessieren ihn Skripte und Aufsätze des Kollegen, um eigene »Leitsätze« aus ihnen zu gewinnen. Besonders will er etwas über die ersten Jahre von Preetorius in Bayreuth wissen und nachvollziehen, was Preetorius in seinem *Ring* von 1933 eigentlich genau gemacht hat.

Lager

Am 8. Dezember bekommt Gertrud Strobel Besuch von einem Kommandanten eines »Gefangenenlagers«, wie sie schreibt. Nachrichten zum Krieg bezieht man nicht nur aus dem Radio und den Zeitungen, man spricht miteinander, wenn auch hinter vorgehaltener Hand. Vom Kommandanten erfährt sie Schreckliches. Von der großen Not der Lagerinsassen, dem Hunger, den verheerenden Verhältnissen. Die Häftlinge »essen sich gegenseitig auf«, schreibt sie, und »Offiziere usw., die überzeugte Kommunisten sind, werden erschossen!«. Zwei Wochen nach dem Besuch des Kommandanten, fragt sie an Heiligabend: »Was soll noch werden???«

Heldentod

Vier Tage später, am 28. Dezember, fällt in der Nähe von Moskau ein Soldat. Es ist Wagners Freund Ulrich Roller, gerade dreißig Jahre alt. Auf Winifred Wagners Liste verzeichnet, hätte er kein Soldat werden dürfen. Roller selbst aber hatte auf seine Einberufung gedrängt. Hintergrund für seinen Wunsch, so gibt es später der Bruder an, waren verstörende, nicht weiter benannte Erfahrungen, die er als Diensthabender im Konzentrationslager Sachsenhausen machen musste. In einem Homosexuellenlager, wie es heißt. Danach hatte Roller darauf bestanden, von der Liste Winifred Wagners gestrichen zu werden. Es zieht ihn an die Front. Der Bruder sagt: Roller entscheidet sich, Soldat zu werden, und begeht auf diese Art Selbstmord.[35]

Hitler wütet. Er macht Winifred Wagner für Rollers Tod verantwortlich. Das schon angeknackste Verhältnis ist nun gebrochen. Mit Roller büßt Hitler nicht nur einen aufstrebenden Künstler ein, er verliert vor allem eine seiner Botenfiguren, mit denen er seinen Göttern, Richard Wagner und Alfred Roller, nahe ist. Es bleibt ihm Wagner.

1942, Attacke

Letzte Deportation

Es ist eiskalt in Bayreuth. Gertrud Strobel hält fest: Das Thermometer am Morgen des 16. Januars zeigt 20 Grad unter null an. Von dem, was man mit den Juden in ihrer Stadt macht, erfährt man nichts. Es sind elf, die man an diesem Tag von Bayreuth nach Bamberg bringt und von dort aus in das Konzentrationslager nach Theresienstadt, wo man sie ermorden wird. Im November des Vorjahres wurden sechsundvierzig Juden deportiert.[1] In der Stadt beschäftigen sich die Menschen derweil mit dem Verteilen dessen, was von ihnen geblieben ist. Die Wohnungen werden geleert, versiegelt und verkauft, Möbel und Hausrat gehen sehr gut weg, besonders begehrt sind Textilien.

Friedensfestspiele

Am 7. Februar schreibt Wagner erneut an die Festspielleitung.[2] Seine Anrede »Liebe Mama« klingt dabei privater, als der Brief tatsächlich ist. Er teilt der Mutter mit, bei Overhoff ausstudiert zu haben, er will in die Praxis. Die Zeit drohe zu verstreichen, bald sei er »zu alt«, schreibt der Fünfundzwanzigjährige, »um überhaupt noch damit anzufangen«. Der Mutter wirft er zudem vor, Overhoff bislang noch kein passendes Engagement als Dirigent vermittelt zu haben. Der müsse sich künstlerisch aber profilieren können, es sei »wirklich gefährlich«, wenn man ihn, den Erben von Bayreuth, später mit einem unbekannten Namen verknüpfe, man werde dies »zu meinen Ungunsten ausschlachten«. Derweil träumt Wagner von Friedensfestspielen im kommenden Jahr, die er dann schon leiten würde. Hierfür schlägt er einen neuen *Ring* vor, den Tietjen inszenieren solle. Dass er selbst die Bühnenbilder übernehmen will, führt er nicht eigens auf, Winifred Wagner wird es wohl auch so verstehen. Er macht ihr die Sache schmackhaft. Denn »via Führer« könne man auch in Friedenszeiten Soldaten kommen lassen: »In Frage kämen wohl besonders Verwundete, denen man damit wirklich ein Geschenk machen würde.« Die Sache sei so auch geschäftlich attraktiv.

Sieg im Kleinen

Hitler hingegen denkt erst einmal an den anstehenden Sommer. Für 1942 wünscht er sich neue *Meistersinger*, bewerkstelligt genau von jenem Team, das Wagner für den *Ring* im Kopf hat.[3] Tietjen soll inszenieren und Wagner die Bühnenbilder entwerfen. Damit ist der *Tannhäuser* abgesagt und die halbfertigen Dekorationen von Preetorius können entsorgt werden. Zwar sind die 60 000 Reichsmark in den Wind gesetzt, Wagner aber erzielt einen Sieg im Kleinen.

Trauer feiern

Am 12. Februar versammeln sich im Mosaiksaal der Reichskanzlei in Berlin die Spitzen des Staates, Hitler hält eine Rede auf den am 8. Februar bei einem Flugzeugabsturz umgekommenen Fritz Todt, Minister, Erbauer der Reichsautobahn und Chef der Rüstung. Getrud Strobel folgt im Radio der Übertragung, die schlecht gerät, sie kann Hitler, der »vor Ergriffenheit oft kaum sprechen kann«, nicht gut folgen. Kaum besser ergeht es der Musik. Das Berliner Staatsopernorchester unter Leopold Heger spielt den sinfonischen Zwischenakt aus der

Götterdämmerung, der in der Oper einsetzt, nachdem Hagen Siegfried rücklings erdolcht hat. Den Trauermarsch aber kennt man fast ebenso gut wie die Reden des Führers.

Großvater ist tot

Am Folgetag der Übertragung ist es 59 Jahre her, dass Richard Wagner verstorben ist. Der 13. Februar verstreicht ohne staatliches Gedenken, aber es meldet sich jemand aus der Ferne zu Wort. Es ist Friedelind Wagner, seine in New York lebende Enkelin. Von hier aus überträgt »die Stimme Amerikas« am 14. Februar ihre Ansprache. Bruder Wieland verfolgt, was sie zu sagen hat, an diesem Tag besucht er den ehemaligen Bayreuther Oberbürgermeister Karl Schlumprecht in München, verbotenerweise hören sie Feindsender.[4] Die Schwester behauptet, dass Richard Wagner unter den gegebenen Umständen geflohen wäre. Mit den Nazis habe er nichts zu tun. Sie sagt das mit glasklarer Stimme, sachlich, das *R* rollend, als wäre sie eine Schauspielerin: »Mein Großvater ist tot.«[5]

Verrat

Friedelind Wagner hat tatsächlich Deutschland den Rücken gekehrt. Sie erlebt dabei, was Flüchtlinge erleiden, Verdächtigungen der Spionage, Aggression der Einheimischen und eine unsichere Existenz. Eine Urlaubsreise ist so etwas nicht, bei der man in Ruhe einen Koffer packt, an einen fremden Ort fährt, den Koffer wieder auspackt und sich abends in die Hotelbar setzt. Friedelind Wagner ist zunächst ängstlich, will öffentlich nicht gegen Hitler opponieren. Die ebenfalls geflohene Erika Mann, die als Journalistin in den Staaten arbeitet, überzeugt sie. Mann verfasst das Redeskript, das Friedelind Wagner überprüft, abändert und dem sie an diesem 13.

Februar ihre Stimme gibt. Das ist mutig. Aus der Perspektive der Heimat ist es Verrat.

Nacht über Bayreuth

Wie es zu all dem gekommen ist, davon erzählt Friedelind Wagner in einem Buch, das kurz nach Kriegsende erscheint, zunächst auf Englisch und dann in der Schweiz auf Deutsch. *Nacht über Bayreuth* berichtet von einer glücklichen Kindheit, die sie zunächst so distanzlos zu Hitler wie die Geschwister erlebt und endet mit den Ereignissen, die sie fliehen lassen. Bis zum Jahr 1994, in dem Friedelind Wagners Biographin Eva Weissweiler das Buch neu herausgibt, ist es in deutschen Bibliotheken kaum aufzutreiben.[6] Wolfgang Wagner kanzelt es im selben Jahr als Lügenwerk ab,[7] wehren kann sich die Schwester dagegen nicht mehr, sie ist 1991 verstorben.

In *Nacht* über Bayreuth erzählt Friedelind Wagner auch, wie sich ihr Verhältnis zur Mutter verschlechtert, und darüber, wie sehr es Hitler ärgert, dass die Mutter ihre Tochter nicht zu kontrollieren weiß. Warum sie von 1938 an ihre Flucht plant, legt sie ausführlich dar. So berichtet sie von einem Mittagessen, bei dem Hitler und das Ehepaar Goebbels mit am Tisch sitzen. Goebbels berichtet von einer Hetzjagd auf Berliner Juden, bei der man 1 200 von ihnen verhaftet habe.[8] Friedelind Wagner fragt, was mit den Menschen passiert, darauf Goebbels: »Sie wurden natürlich in ein Konzentrationslager gesteckt.« Sie will wissen, wann man sie freilässt. Goebbels, der eine »majestätische Handbewegung ausführt«, antwortet: »In diesem Leben nicht mehr.«

vertilgen, ausrotten

Das Ende ihres Buches ist erschreckend. Es informiert darüber, wie sich die Familie für die Tochter schämt und sich vor allem sorgt, was Hitler aus alledem macht. Winifred Wagner verlangt deshalb, dass die Tochter bleiben muss. Sie droht ihr nicht nur mit Liebesentzug, harten abmahnenden Worten der Brüder oder mit Gefängnis. Das letzte Kapitel gipfelt im Zitat zweier Worte, die Wolfgang Wagner später abwiegelte: Ihm zufolge phantasiere Friedelind Wagner heftig, um sich selbst interessant zu machen. Was seine Schwester hier erfunden haben soll, betrifft den letzten Nötigungsversuch der Mutter, die starkes Vokabular bemüht. Winifred Wagner gebraucht ihrer Tochter gegenüber »Hitlers oder Himmlers Worte«,[9] die sonst den Juden zukommen. Man werde sie »vertilgen« und »ausrotten«, droht die Mutter. Die Verheißung, dass die Familie sie töten werde, verfehlt eine spontane Reaktion nicht: »Ich fühlte, wie das Blut aus meinem Gesicht wich.«

Onkel Chamberlain

Einen Tag nach Friedelind Wagners Rede feiert man in Bayreuth Geburtstag, Hitler schickt Blumen und telegrafiert. Am 15. Februar vor 75 Jahren ist in Tribschen nahe Luzern Eva Wagner auf die Welt gekommen. Die Tochter von Richard und Cosima Wagner heiratet 1908 Houston Stewart Chamberlain, einen englischen Privatgelehrten, der sich nicht nur der deutschen Kultur verschrieben hat. Seine Bücher zu Richard Wagner, Goethe oder Kant verkaufen sich ausgezeichnet und seine Rassentheorie noch viel besser. Auf ihr gründet die nationalsozialistische Überzeugung der Wagners. Und nicht nur die Familie, vor allem die Nazis bedienen sich nachhaltig an dessen antisemitischen Lehren. Damit wachsen die

Wagnerkinder in Wahnfried auf, »Onkel Chamberlain«[10] ist tagtäglich präsent, zumal er in direkter Nachbarschaft wohnt.

Im Jahr 1927 stirbt Chamberlain. Seine Frau verbreitet weiter, was diesem wichtig war. Man dankt es ihr mit dem Goldenen Ehrenzeichen der Partei und verleiht ihr 1933 die Ehrenbürgerwürde der Stadt Bayreuth. Anders als diejenigen für Hitler und Chamberlain, die Bayreuth 2013 aberkannt hat, dauert ihre Ehrenbürgerschaft bis heute an.

Autodidakt

Derweil entwickelt Wagner neuartige Wissbegier, um seine Ziele zu verfolgen. Die Festspielleitung zu übernehmen, dabei wird Hitler ihm helfen. Das Ästhetische aber in der Weise zu bewerkstelligen, dass es gut passt, ist nicht ohne weiteres zu bekommen. Dass man ihn für so genial wie den Großvater hält, schließt de facto nicht ein, was er tatsächlich benötigt, praktisch und künstlerisch. Einfach tiefer ins kalte Wasser einzutauchen, ist gewagt. Zu ungeduldig, um ausführliche Studien zu betreiben, entwickelt er eine andere Strategie, sich zu informieren. Sie gründet im Prinzip gegenakademischer Selbstfindung, wie er es bei Overhoff gelernt und wie auch Hitler es ihm vorgelebt hat. Wolfram Pyta schlussfolgert in seiner Biografie zu Hitler, der aus seinem Künstlertum gelernt habe: »Das künstlerische Genie bedarf professioneller Beratung durch Experten.«[11] So beginnt Wagner zu suchen und findet sie zu Genüge: seine Helfer:innen, spezialisiert in diesem oder jenem.

Max Wiskott

Einer, bei dem er anklopft, ist eng mit der Familie vertraut. Wiskott ist Duzfreund von Hitler und schwerreicher Unternehmer. Seit 1934 besitzt er das Schloss Stein an der Traun samt Brauerei. Wagner bittet um Auskunft und Wiskott antwortet ihm am 20. Februar.[12] Hier zeigt sich, wo Wagner, dessen Brief nicht überliefert ist, ansetzt. Wiskott hat einst selbst ästhetische Ambitionen verfolgt und 1921 als Ingenieur für die Firma Zeiss das Patent eines Spiegellichts entwickelt, das als Wiskottspiegel vertrieben und auch auf dem Theater eingesetzt wird. Wagner will sich bei ihm über Beleuchtungsfragen informieren, spricht aber zudem eines der zentralen ästhetischen Themen der Zeit an. Wiskott zitiert Wagner in seinem Antwortbrief und schreibt: »Ob das Beleuchtungstechnische daran in allen Einzelheiten ›modern‹ ist, vermag ich nicht zu sagen.«

Luftfarben

Der Nationalsozialismus setzt sich damit, was modern ist oder als modern gilt, intensiv auseinander. Es geht dabei stets um die Suche nach einer ideologisch aktuellen Kunst. Wiskott präsentiert Wagner einen umfangreichen Text mit dem Titel *Luftfarben und Bühnenbild*. Der Bühnenbildner, heißt es da, sei so etwas wie ein Maler, die Bühne seine Leinwand, das Licht seine Farbe. Wiskott befindet, dass solche Lichtmalerei vor allem für Landschaften geeignet sei. Eine seiner Meinung nach oft vorgenommene, allzu grobe Versachlichung der Bühne verortet er kunstpolitisch als »bittere Verarmung«, die »den Juden herrliche Gelegenheit zur künstlerischen Verwüstung« beschert habe. Dennoch schätzt er technische Verfahren wie die Projektion, die einem zu dick aufgetragenen Naturalismus entgegenwirken könne, vor allem aber müsse man dafür sorgen, dass die Dinge nicht »kitischig« ausfallen.

Auch wenn Wiksott die Frage nach der Moderne nicht wirklich angeht, äußert er sich dennoch zwischen den Zeilen. Und Wagner mag daraus eine entsprechende Formel destilliert haben: Kitsch nein, Naturalismus, kombiniert mit moderater Sachlichkeit, ja.

Wolfgang Golther

Wagner stellt sich zugleich auf das ein, was nun ansteht. Im Sommer soll er die *Meistersinger* ausstatten. Um sich entsprechend vorzubereiten, wendet er sich an den Germanisten Wolfgang Golther. Der Professor hilft gerne, er lebt in Rostock und kennt sich als ehemaliger Leiter der dortigen Bibliothek bestens aus. Der passionierte Bayreuthgänger hatte den *Parsifal* der ersten Festspiele 1882 miterlebt. Wie Hitler verehrt er Richard Wagners *Rienzi* als die »Tragödie von Führer und Volk«, wie er Wagner in seinem Brief vom 1. März wissen lässt.[13] Er berichtet Wagner dort auch von Aufführungen in Wuppertal, wo man die *Götterdämmerung* und die *Meistersinger* richtig und »streng nach Alt-Bayreuther Vorbild« inszeniert habe. Wagner solle sich über gutes Bildwerk anregen lassen. Golther empfiehlt hierfür nicht nur Stiche von Albrecht Dürer, sondern auch Arbeiten von Georg Barlösius. Der zu Beginn des 20. Jahrhunderts aktive Illustrator bildet alte Bauten detailgetreu ab, um so zu zeigen, wie etwas angeblich tatsächlich gewesen ist. Für solche historistische Verklärung bieten sich die *Meistersinger* mit ihren Stadtansichten des mittelalterlichen Nürnbergs bestens an. Der Professor argumentiert so eifrig, weil er sich das alte Bayreuth zurückwünscht, dem Winifred Wagner, Tietjen und Preetorius seit 1933 etwas entgegenzusetzen versuchen. Mit der Moderne hat Professor Golther nichts am Hut.

Aufbaufestspiele

Am 15. März hört Gertrud Strobel im Radio Hitler zum Heldengedenktag sprechen. Kurz darauf trifft der mit Wagner zusammen,[14] mit dem er das Bayreuther Programm für den Sommer wieder umwirft. Wagner redet sich bei seinem Freund »alles vom Herzen«, hält Strobel am 23. März fest und berichtet von den neuen Plänen: »Der F. wünscht keine Neuinszenierung während des Krieges.« Damit sind die *Meistersinger* abgesagt, die Hitler ins kommende Jahr verschiebt. Es werde dann Frieden herrschen, er selbst könne wieder nach Bayreuth kommen und so die Arbeit seines Schützlings betrachten. Für diesen Sommer will Hitler den *Fliegenden Holländer*, einen Zyklus des *Rings* sowie Einzelaufführungen der *Götterdämmerung*, um auf den Frieden hinzuarbeiten. Was Hitler mit Wagner beschließt, ist auch eine Attacke auf die Festspielleitung. Winifred Wagner hatte im Februar noch ausdrücklich darum gebeten, den *Ring* nicht machen zu müssen.[15] Jetzt kommt es anders, und das mit der vielfachen *Götterdämmerung* besonders heftig. Nebenbei verstößt man so auch gegen die Bayreuther Regel, den *Ring* nur komplett zu spielen.

Gagen

Ein solches Programm muss besonders finanziert werden. Und knauserig ist Hitler nicht. Brigitte Hamann hat errechnet, dass die Gagen der Festspiele 1941 von 391 000 auf 622 000 Reichsmark im Sommer 1942 erhöht worden sind, ein enormer Zuwachs schon in Friedenszeiten.[16] Jetzt wird mit dem Krieg begründet, warum man dieses Geld auszugeben bereit ist. Mit den Festspielen investiert man in die Zukunft des Landes.

Tanz auf dem Vulkan

In der Nacht vom 1. auf den 2. April überfliegen feindliche Kampfflugzeuge Bayreuth. Nicht jeder in der Stadt nimmt das ernst. Und Gertrud Strobel schimpft, wie es bei den Nachbarn zugeht: »Nachts ¾ 1 Uhr: Fliegeralarm!« und »In Wahnfried wird das Abitur der Verena mit Musik und Lärm gefeiert! – Um ½ 2 Uhr: Entwarnung! – Um ¼ 4 Uhr: wieder Fliegeralarm! Entwarnung um 4 Uhr. In Wahnfried wurde immer noch gefeiert.«[17]

Geschenke

Wer beim Fest mit von der Partie ist, schreibt Strobel nicht. Sicher nicht die Schwester aus New York, wohl aber die Brüder. Hitler hingegen ist nur mit einem Präsent zugegen, wenn auch mit einem wertvollen. Er schenkt der Abiturientin »ein schickes kleines Auto«.[18]

Die Brüder Wagner sind nicht besonders eng miteinander. Beide aber buhlen um die Gunst Hitlers, der den älteren vorzieht. Im Frühjahr des Jahres 1938 begeben sie sich gemeinsam noch auf große Italienreise und fahren mit einem Mercedes bis nach Sizilien. Auch dieser Wagen ist ein Geschenk von Hitler, der das Cabriolet für Wagner hat sonderanfertigen lassen. Um das kostbare Auto gebührend zu empfangen, fahren die Brüder in die bayerische Daimler-Benz-Zentrale nach München. Und nehmen Hitlers Angebot an, bei ihm am Prinzregentenplatz zu übernachten.

Landschaft

Mobilität ist Leben. Bayreuth, München und Berlin sind die Orte, zwischen denen Wagner schon jetzt hin- und herpendelt, andere werden hinzukommen. Autos aber machen nicht nur mobil, sie zeigen auch, wer man ist. Ein Kraft-durch-Freude-

Wagen soll das soziale Gefälle in naher Zukunft abmildern, ein Auto für das Volk. Noch aber ist es nicht so weit und Autos gehören den Mächtigen und Reichen. Hitler jedoch lässt die Straßen für massenhaften Verkehr großzügig ausbauen. Den Wagners erläutert er 1935, dass er »wie ein Löwe dafür kämpfen« musste,[19] Bayreuth an das Netz anzuschließen, was ihm gelingt. Das Motto zum Auftakt des Autobahnbaus stammt sinnigerweise aus den *Meistersingern*. Eine aus Bauspaten gebildete Skulptur trägt das bekannte Zitat aus der Oper als Schriftzug: »Fanget an!«[20] Umgekehrt feiert Bayreuth im Festspielsommer 1937 den Anschluss an das moderne Straßennetz als ein erweitertes Gesamtkunstwerk, das den Hügel mit den großen Mobilitätsideen verschränkt. Ein paar Jahre später, 1941, ist die Nordsüdachse von München nach Berlin über Nürnberg und Bayreuth schon durchgehend befahrbar.

Solange es aber fast keine Autos gibt, wirkt die Reichsautobahn vor allem ästhetisch. Sie gliedert die Landschaft neu, die man aus dem Cockpit eines schicken Wagens wie ein Film an sich vorüberziehen lassen kann. Druckerzeugnisse sorgen dafür, dass auch das gemeine Volk daran teilhat. Die Fotografin Erna Lendvai-Dircksen kennt man gut von ihren Bildserien *Das Germanische Volksgesicht*, die in vielen Auflagen vom Gauverlag Bayreuth publiziert werden. Ebenfalls dort erscheint nun ihr Buch *Reichsautobahn. Mensch und Werk*, ein Auftrag von Fritz Todt. Es zeigt Männerporträts, schöne Baustellen und neue Landschaften, die Wälder sich mit Beton teilen. Eine Fotografie sei herausgegriffen.

Eine strenge Schwarz-Weiß-Komposition, auf der man auf die lange Straße vor sich sieht, als führe man selbst. Fluchtlinien laufen im hoch gelegenen Horizont vor dem Himmel zusammen. Die Straße besteht in beide Richtungen aus hellen Doppelstreifen, getrennt von dünnen schwarzen Mittellinien.

Rechts und links von der Autobahn begrenzen hoch aufragende, fast schwarze Tannenwälder das Bild, ruhig begibt sich die Autobahn hinein in die Natur. Sehr weit im Hintergrund überführt eine andere Straße die Autobahn mit einer Brücke, kreuzungsfrei. Auf dem kerzengraden Stück sind nur zwei Autos zu sehen, die in dieselbe Richtung fahren, auf der rechten Spur der rechten Seite, weit voneinander entfernt. Überholen muss hier niemand.

der graue Wolf

Wieder treffen sich Wagner und Hitler, der die Friedensfestspiele erneut verschiebt, jetzt in das Jahr 1944. Die beiden tauschen sich intensiv, wie Getrud Strobel am 9. April berichtet, über den bei vielen Nationalsozialisten nicht gerade beliebten *Parsifal* aus. Hitler blendet mögliche religiöse Bezüge aus, er möchte die Oper »wieder hören«. Zugleich aber stellt Wagner fest: »Der F. ist ganz grau geworden!« Das entspricht dem Bild, das Wolfram Pyta in seiner Biografie zeichnet.[21] Hitlers Reden im Radio werden seltener, die Masseninszenierungen der Reichsparteitage sind längst Geschichte, er geht nicht mehr in die Oper. Dafür betrachtet er, bevor er schlafen geht, Architekturbücher: »Ich schaue Bilder an.«[22] Der Politiker Hitler, so Pyta, war aus dem Künstler Hitler erwachsen, jetzt im Krieg scheint es so, dass er sich der Kunst wieder und ganz neuartig widmet. So diktiert er den Generälen vom Schreibtisch aus, was zu tun ist, und lässt die Bewegungen der Militärs auf seinen Karten nachzeichnen, als sei der Krieg ein Spiel,[23] einer Opernaufführung nicht unähnlich, in der er als Regisseur alle dirigiert.

Auftrag

Gertrud Strobel notiert am 9. April noch etwas anderes. Der Nürnberger Opernintendant Willi Hanke fragt bei Wagner an, ob er ganz bald schon den *Fliegenden Holländer* ausstatten wolle. Es überrascht, wie knapp diese Anfrage erfolgt. Heutzutage plant man in der Oper langfristiger, Verträge werden auf Jahre im Voraus geschlossen. Damals ist das anders, die Sänger:innen stammen aus dem Ensemble, Gäste können kurzfristig rekrutiert werden. Szenisch zu proben, kann wegen der größeren Standards sehr viel schneller erledigt werden. Wer Hanke auf die Idee gebracht hat, Wagner zu engagieren, ist nicht bekannt. Aber in der überschaubaren fränkischen Opernszene ist es wohl durchgesickert, dass Wagner bereit ist.

Hanke steht dem Nürnberger Haus seit 1939 vor, die spektakulären Nazijahre der dortigen Oper hat er noch nicht zu verantworten. Natürlich weiß er aber, dass sich Hitler persönlich für das Haus interessiert hat. Regelmäßig wurden dort anlässlich der Reichsparteitage mustergültige *Meistersinger* in Bühnenbildern von Benno von Arent aufgeführt, in einem Gebäude der Jahrhundertwende, das Hitler 1935 umbauen ließ. Das Ergebnis hielt der Diktator dann aber für missraten und über ein Detail war er besonders erbost. Die Innenausstatter hatten den von ihm verordneten Tapetenfarbton der Pariser Oper um eine Nuance verfehlt.

loslegen

Wagner sagt Hanke brieflich zu, bittet aber darum, die Sache nicht zu früh zu terminieren. Hanke teilt ihm am 18. April mit, dass man nun für den November plane.[24] Von diesem Engagement profitieren beide Seiten, für die Stadt ist Wagner ein Prestigegewinn, und der kann endlich loslegen.

Machwerke

Im April entwirft Wagner einen langen Brief an Bruder Wolfgang. Er will ihn unterrichten, wie es um die Festspiele, über die er sich regelmäßig mit Hitler austauscht, nun steht. Ob Wolfgang Wagner diesen Brief bekommen hat, ist unklar, und längst erfährt man bei Getrud Wagner, die von diesem Brief berichtet, nicht alles, was Wagner auf elf Seiten zusammenstellt.[25] Eines aber wird klar: Er will nun an Preetorius herantreten, um den Bühnenbildner zu attackieren, der ihm in Bayreuth im Weg steht. Preetorius legt in Büchern wie *Vom Bühnenbild bei Richard Wagner* von 1938 oder in seinen *Gedanken zur Kunst* von 1940 breit auseinander, wie er ästhetisch denkt. Vor allem wohl weitestgehend unpolitisch: Er verzichtet auf den sonst herrschenden ideologischen Jargon. Kunst ist für ihn eigenwertig.

Wagner setzt nun da an, wo er zuletzt bei Tietjen aufhörte, und wirft auch Preetorius vor, am Werk des Großvaters vorbeizuarbeiten. Diesen Vorwurf begründet er aber nicht mit dem, was er selbst künstlerisch vertritt, sondern bezieht sich auf Hitler, der die Arbeiten von Preetorius angeblich kritisch sieht. Ob es tatsächlich so ist, dass Hitler ablehnt, was der macht, interessiert Wagner nicht weiter. Hitler hatte den Preetorius-*Ring* in Bayreuth gesehen, die *Götterdämmerung* mehrfach, und er mag dessen Bühnenbilder.[26] Wagner aber verknüpft seine Denunziation ästhetisch dennoch mit dessen Namen. Es sei ein »Skandal«, so Wagner, dass Hitler in Bayreuth mit den Bühnenbildern von Preetorius »kubistische und expressionistische Machwerke« habe über sich ergehen lassen müssen.[27]

Lübeck

Am 2. Mai registriert Gertrud Strobel mit der Verspätung von über einem Monat einen nationalen Schock. In der Nacht vom 28. auf den 29. März hatten englische Flieger Lübeck bombardiert. Es ist eine der ersten schlimmen Attacken auf Deutschland, das Kriegsgeschehen wendet sich gegen den Aggressor. Paul Bülow, der die Festspiele für die *Ostmark* kommentiert, stammt von dort und berichtet Strobel persönlich von »furchtbaren Erlebnissen: In Lübeck sind 2 000 Häuser zerstört, 800 Tote und 30 000 Obdachlose«.[28] Er »bricht weinend zusammen!«.

Kulturphilosoph

Gerade noch zum großen Geburtstag geehrt, stirbt am 26. Mai Eva Chamberlain. Die *Ostmark* berichtet ausführlich und sieht in ihr diejenige, über deren Hochzeit sich Bayreuth mit der nationalsozialistischen Ideologie vermählte. Die von der Partei durchgeführten Trauerfeierlichkeiten finden im Haus der Erziehung statt, wo man ihren Sarg ausgerechnet vor einer überdimensionierten Mutterskulptur aufbahrt. Die Rassistin Chamberlain hatte sich selbst der Fortpflanzung von deutscher Rasse verweigert. Dafür aber hatte sie ein »Lebenswerk«, wie die *Ostmark* am 29. Mai schreibt, zusammen mit ihrem Mann geschaffen, um den Nazis auf andere Weise zu dienen. Ihr Beitrag war demnach kein Sohn, aus dem ein Soldat hätte werden können, sondern ein geistig' Kind, das sich vortrefflich fortpflanzte. Davon handelt auch die Trauerrede von Georg Schott. Als »langjähriger Freund des Hauses Chamberlains« sind auch für ihn Kunst und Politik eine Einheit, wie man in seinem Buch *Vermächtnis H. St. Chamberlains* von 1940 nachlesen kann. Seine Biografie *Das Volksbuch vom Hitler* macht schon im Jahr 1924 klar, was der spätere Führer mit den Juden vorhat.[29] In seiner Festrede ehrt er Eva Chamberlain als »die Alte Kämpferin« und »treue Anhängerin des Führers«. Vor allem aber lobt er ihren Mann als den »großen deutschen Kulturphilosophen und ›Seher des Dritten Reiches‹«.

Parsifalvisionen

Wagner und Hitler treffen sich am 8. Juni erneut, diesmal in München, wie Gertrud Strobel ein paar Tage später berichtet.[30] Es geht um den Umbau des Festspielhauses, der nach den Plänen von Emil Mewes nach Kriegsende zu beginnen und nach einem Jahr abzuschließen sei. Wieder lässt sich Hitler auch über den *Parsifal* aus, für den er brennt. Es grämt ihn, dass die anderen diesen ablehnen: »Jetzt und in den nächsten 20 Jahren wären noch gewisse Rücksichten nötig, später würde das Werk wie die Matthäuspassion zeitlos dastehen.« Von Wagner erhofft sich Hitler Musterbühnenbilder für diese Aufführungen. Vorbild hierfür sind die berühmten *Meistersinger* von Benno von Arent, die seit 1935 von Nürnberg aus in verschiedenen Städten nachinszeniert wurden.

kein Sohn

Am Abend des 10. Junis versammelt man sich in München, man isst zu Abend. In der Osteria Bavaria in der Schwabinger Schellingstraße treffen Wagner, seine in Deutschland verbliebene Schwester sowie der Bruder Wolfgang auf Hitler. Außerdem kommt Gerdy Troost hinzu, die Witwe des Architekten Paul Ludwig Troost, die Hitler in ästhetischen Belangen berät und eine enge Freundin von Winifred Wagner ist. Die aber ist wie ihre hochschwangere Schwiegertochter nicht dabei. Am 11. Juni geht es für Gertrud Wagner in die Klinik, ihr Mann wünscht sich einen Jungen. Nach dem Tod von Eva

Chamberlain, seiner Tante, hatte Wagner gehofft, in den von ihr bewahrten Tagebüchern Cosima Wagners etwas nachlesen zu können. Er will herausfinden, ob und was der Großvater den erstgeborenen männlichen Nachfahren mit auf den Weg gegeben hat. Die Tante aber hat die Tagebücher sperren lassen, erst dreißig Jahre nach ihrem Tod darf man in ihnen lesen.[31] Ohnehin, am 12. Juni kommt ein Mädchen zur Welt, das Wagner »vergötterte«, trotz der »Enttäuschung«, dass es kein Sohn ist.[32]

nomen est omen

Was sonst gilt, trifft auch bei den Wagners zu. So wie man den Säugling benennt, so sollen die Kinder fortan leben. Wagners Großvater ging hier selbstreferentiell vor und nahm drei seiner Opernfiguren als Vorbilder: Isolde, Eva und Siegfried. Die Eltern des neugeborenen Kindes treffen eine Namensentscheidung, die schon die, die später geboren werden, einschließt. Sie trennen Mädchen und Jungen nicht nur über die vergebenen Namen selbst, sondern auch über deren Herkunft. So hält man germanische Vornamen im Falle der Wagnerkinder den Jungen vor, während man die Mädchen nach antiken Vorbildern benennt. Nun ist es eine Iris, das bedeutet Göttin, strahlende Blume.

das Gute, Edle, Schöne

Es geht wieder los, die Festspiele werden eröffnet. Auch in diesem Sommer, glaubt man der Presse vom 9. Juli, gelingt eine perfekte Veranstaltung für zigtausend Eingeladene mit allem, was dazugehört. Den privaten Unterkünften, der Vergabe von Freikarten, der Empfangsmusik am Bahnhof und den gemeinsamen Essen an langen Tischen. Die sind gut gedeckt, soweit man das auf den Fotos erkennen kann. Ideologisch passt auch alles. So verfasst der Chef der Deutschen Arbeiterfront, Robert Ley, einen entsprechenden Artikel. Ihm untersteht die Kraft durch Freude, die auch diesmal unter der Federführung von Bodo Lafferentz alles organisiert. Im *Tagblatt* der Wochenendausgabe vom 11. und 12. Juli führt Ley aus, dass es Richard Wagner war, der dem Nationalsozialismus den Weg bereitet habe, wie es nun auch das feindliche Ausland endlich anerkenne. Der *Ring des Nibelungen* erlaube Einblick in das weltliche »Unheil«, man sehe hier, was passiere, wenn sich der Mensch zu sehr vom »Gold« einnehmen lasse, der *Ring* ist für ihn ein Bollwerk gegen die jüdisch-kapitalistische Weltherrschaft. Zudem stehe Bayreuth als »Hochburg der Kunst, wie sie die Welt noch nicht erlebt« habe, für »das Gute, Edle und Schöne«. Dass sich die Festspiele »in die breiten Massen« geöffnet hätten, die hier »Entspannung, Erholung und Freude« fänden, war längst überfällig. Winifred Wagner schließt sich an. Die Festspiele träfen mit unseren »heldenhaften Truppen und unserer für sie unermüdlich schaffenden Rüstungsarbeiter und Rüstungsarbeiterinnen« auf ein Publikum, das »aufgeschlossen und begeisterungsfähig« sei. Sie bestätigt: Bayreuth könne »Wunden« des Krieges heilen.

Friedensoper

Solcherart Heilung beginnt mit einer Oper, die eigentlich etwas abschließen soll. Der *Götterdämmerung* gilt die erste Aufführung in diesem Jahr, und die Presse versucht zu begründen, warum das so ist. Sie verschweigt dabei, dass es sich bei dieser Oper schlicht um Hitlers größten Liebling handelt, zudem Oper für ihn ein Fetisch ist, dem er sich kurioserweise selbst nicht mehr ausliefern mag. Gertrud Strobels Kritikerfreund aus Lübeck, Paul Bülow, begründet in der *Ostmark* vom 9. Juli das Programm wie folgt: Beides, die

»Werkwahl« und die hiermit veränderte »zeitliche Folge« der Opern, kommt den »Forderungen der Kriegszeit« nach. Laut *Tagblatt* vom 16. Juli steht die *Götterdämmerung* symbolisch für den doppelten Kampf der Deutschen. Nicht nur richte der sich gegen die Juden, sondern er mache sich für die »Freiheit einer neuen, schöneren Welt« stark. Darum drehe es sich in der Oper. Sie ist für die Nationalsozialisten Vision einer Welt, die sich realisiert, wenn der Frieden endlich da ist. Um ihn zu erreichen, braucht es »Erfolge der Wehrmacht«, die einhergehen mit den Erfolgen der Festspiele. Krieg und Oper befinden sich auf einem »Höhepunkt«, fasst das *Tagblatt* vom 13. August zusammen, beide somit wie ein Zwillingspaar, wenn auch ein ungleiches.

der Führer kommt nicht mehr

Hitler programmiert zwar seine Lieblingsoper, aber er kommt nicht, sie anzuschauen. Zwei Jahre zuvor, im Juli 1940, sorgt er mit einem überraschenden Bayreuthbesuch für eine kleine Sensation. Zwar ist er schon jetzt mit Winifried Wagner wegen der Affäre um Tochter Friedelind zerstritten, taucht aber dennoch auf. Eigentlich sind es zwei Vorstellungen, denen er am 23. Juli 1940 beiwohnt. Neben die abendliche im Festspielhaus[33] tritt eine Aufführung, in der Hitler sich vor dem Haus selbst inszeniert. Die Mütter ziehen den Kindern die Sonntagskleidung an, die Fotografen zücken die Kameras. »Der Führer kommt, der Führer kommt!«, zitiert die *Ostmark* am 24. Juli die rufende Menge und fügt collageartig Fotos hinzu.

Die Bayreuther:innen jubeln einem schweren Mercedes zu. Wer darin sitzt, erkennt man auf dem Bild nicht, weiß es aber. Die Menschen entrichten dem Führer den deutschen Gruß, Soldaten halten sie zurück und haben doch selbst die linke Hand erhoben. Vermengt mit den Stahlhelmträgern sieht man

Frauen mit ihren Kindern. Auch die richten ihre kleinen linken Hände zum Gruß nach oben. Ein sechsjähriges Mädchen in kariertem Kleid reist den Mund weit auf, die Augen begeistert verengt. Auf einem anderen Foto steht Hitler an einem Fenster des Festspielhauses, als schaute er aus einer seiner Logen in das Rund eines Theaters. Die Schirmmütze tief in die Stirn gezogen, ist er an seinem Schnurrbart dennoch gut zu erkennen. Neben ihm, etwas verloren dastehend, Winifred Wagner. Ein anderes Foto zeigt, wie Hitler und Robert Ley das Festspielhaus gerade betreten. Es empfängt sie jemand, der aussieht wie ein Portiersjunge und nicht wie der zukünftige Chef: Wagner im schwarzen Anzug, weißen Hemd und mit dunkler Krawatte.

Stille

Hitler zeigt sich im Inneren des Hauses den dort versammelten Soldaten und Arbeiter:innen. Auch sie sind überrascht, den Führer plötzlich so nah wie sonst nie zu sehen. Die Körper richten sich auf. Der Gesamtkunstwerktempel erstarrt zu einer verschworenen Gemeinschaft. Strobel hält den Augenblick gebannter räumlicher Konzentration fest, man glaubt, die erstaunte Stille aller spüren zu können: »Als der Führer seine Loge betritt, begrüßt ihn alles schweigend mit erhobenem Arm.«[34]

häßliches Zwergenvolk

Die Presse berichtet über das im Festspielhaus Dargebotene und darüber, wie Tietjen und Preetorius es inszenieren. Ihnen gelinge, so Bülow in der *Ostmark* vom 24. Juli, »psychologische Vertiefung«, außerdem sei der »eigenschöpferische Wille« der Künstler zu loben. Dann zitiert Bülow noch den Naziphilosophen Hans Alfred Grunsky. Er sieht im *Ring* die »gewaltigste künstlerische Gestaltung des Rassegedankens«. Gegensätzlicher könne es nicht zugehen, die »Rasse des häßlichen Zwergenvolkes der Nibelungen« steht »der lichten Rasse der Götter und Göttersöhne« gegenüber. Ein Foto unmittelbar neben dem Text illustriert, was Grunsky meint.

Man erkennt Wesen undefinierten Geschlechts, die konzentrisch um eine Figur herumstehen. Einige der Wesen mit ihren zotteligen Mähnen sieht man von hinten, einige von vorne oder von der Seite. Alle sind so zurecht gemacht, dass man glauben könnte, es seien Tiere. Aber es sind Menschen mit tiefliegend geschminkten Augen, die auf den Herrn in der Mitte schauen, der nicht kostümiert ist, dafür in einem Arbeitskittel steckt.

großdeutscher Raum

Der Fotograf nimmt uns mit hinter die Bühne, er zeigt, was ein Regisseur Statisten, kurz bevor es losgeht, noch mitteilt. Der Fotograf inszeniert den weißhaarigen Regisseur so, als sei er der Gott aus Grunskys Weltenschema und die ihn umgebenden Affentiere die Judenzwerge. Etwas anders, aber nicht weniger verquast und auf das Gleiche hinauslaufend, deutet Willi Nöther im *Tagblatt* die *Ring*-Geschichte. Der Nationalsozialismus hatte den Krieg beginnen müssen, so schreibt er, um den Deutschen neue Lebensräume zu erschließen. Der *Ring* begründe künstlerisch, dass Polen angegriffen werden musste. Die deutsche Kultur wurzele in der »Idee des Göttlichen« und könne alle besiegen. Das »scharfe Siegfriedsschwert« drücke diese »Idee« theatral aus. Das eine entspringe dem anderen, »als ob der begrenzte Raum des Festspielhauses sich weitete zum Großdeutschen Raum, der alles umschließt, was unsere Sprache spricht«. Hitler kommt im Juli 1940 nicht nur zum letzten Mal nach Bayreuth, er wird danach nie mehr in die

Oper gehen. Das letzte Werk, das er anschaut, ist jenes kriegerische Raum-Zeitspektakel, das für ihn alles auf den Punkt bringt: die *Götterdämmerung*.[35]

Operndidaktik

Zurück in den aktuellen Festspielsommer 1942. So wie es in diesem Jahr losging, so schließt man auch: wieder die *Götterdämmerung*, von Anfang an bis zum Ende. Laut Presse sind es »35 000 Soldaten und Arbeiter«, die dieses Mal dabei sind, so Bodo Lafferentz in der *Ostmark* am 17. August. Mit zwei einstündigen Pausen dauert eine Vorstellung der *Götterdämmerung* einen halben Tag, sie ist eine der längsten Repertoireopern überhaupt, fast fünf Stunden reine Spielzeit. Auch für einen geübten Operngänger kann das im dunklen und stickigen Bayreuther Theaterrund mühsam sein. Für einfache Soldaten und Arbeiter:innen ist es noch weit anstrengender. In derselben Zeit könnten sie drei Filme anschauen, aktuell etwa den Revuefilm *Wir machen Musik*, den Mozartfilm *Wen die Götter lieben* oder, wenn es schon um Krieg gehen soll, *Fronttheater*. Die *Götterdämmerung* geriete aber auch in Spielfilmlänge deutlich weniger unterhaltsam. Eine Oper besteht ja nur aus Musik mit meist unverständlichem Gesang und sich langsam bewegenden, einförmigen Bildern. Aufgeschlossen und begeisterungsfähig zu sein, wie Winifred Wagner es ihrem Publikum attestiert, reicht da nicht aus. Die arbeitende Klasse gratis in die Oper zu schleusen, ist das Eine. Das Andere ist, dass die nie eingeübt hat, Oper zu konsumieren.

Ein solcher Notstand aber macht kreativ. Was heute beinahe in jedem Theater üblich ist, müssen die Bayreuther Kriegsfestspiele erst erfinden. Am Vormittag bietet man Vorträge zu den Abendvorstellungen an, um darzulegen, was das alles soll, mit Siegfried, Hagen, Brünnhilde, dem Schwert, den Zwergen, dem Untergang und dem dann doch neuen Beginn danach. Die Richard-Wagner-Spezialisten Otto Daube aus Detmold und Curt Zimmermann aus Bremen, Inhaber des »Lehrstuhls für Richard Wagners Kunstwerk«[36] an der Nordischen Kunsthochschule, schaffen klassenorientierte Bayreuthnachhilfe.

Feststraße

Wagner ist fleißig und informiert sich, wie gehabt, bei anderen, wie es geht. Mittelalterspezialist Golther erklärt ihm am 8. September einiges zur Farbwahl von *Ring*-Kostümen.[37] Auch berät er ihn, wie man die Bühne am besten ausleuchtet, gerade im *Ring* nicht zu dunkel. Um Wagner anschaulich zu machen, wie er sich Oper denkt, berichtet er ihm wieder von eigenen Erlebnissen im Theater. So nennt er nun Benno von Arents Musterinszenierung der *Meistersinger* von 1935. Hitler hatte sie persönlich angeordnet und reichsweit gefiel sie wegen des modernen Ansatzes, in Nürnberg wie in Berlin, München, Weimar, Dessau und Linz. Offen das Hakenkreuz oder andere Symbole auf der Bühne zu zeigen, ist nicht erwünscht, weil dies Oper und Politik zu offensichtlich verbindet. Daran hält sich Reichsbühnenbildner Benno von Arent. Das Schlussbild der Oper aber, das den großen Festplatz am Ufer der Pegnitz mit Blick auf die Nürnberger Burg zeigt, taucht er in eine verblüffende Bildersprache. Moderne Fahnenreihen, die er für das mittelalterliche Nürnberg in Beschlag nimmt, bezieht er unübersehbar aus analogen Naziinszenierungen, wie man sie überall im Lande sieht und die er selbst ausstattet. Auch ohne Hakenkreuze macht von Arent die Opernbühne zum politischen Ort, fast so, als wäre dies ein früher Einfall des Regietheaters unserer Tage. Golther gefällt dieser Ansatz nicht, er lehnt ihn ab, gerade weil er aktualisiert. Ein »Festplatz« sei keine »Feststrasse mit Fahnen«, ein solches Bild verfälsche historische Wahrheit.

Materialien

Konkret widmet sich Wagner nun der *Holländer*-Ausstattung. Er schickt Skizzen nach Nürnberg, wo man baut, schneidert und knüpft, was er sich ausdenkt. Hierfür braucht es Leinwände, Farben, Holz, Schrauben, Nähgarn, Stoffe und auch Haare, da man am Theater die Perücken selber herstellt. Intendant Hanke ist etwas besorgt, wie er Wagner am 29. September gesteht: »Hoffentlich bekomme ich das Material dafür.«[38] Falls ja, dann entsteht mit diesen Dingen all das, was das Theater grundlegend ausmacht mit seinem Raum und den sich darin bewegenden Figuren. Bühne und Kostüme zu schaffen, ist von größter Bedeutung für die Atmosphäre, von der sich Sänger:innen und Zuschauer:innen tragen lassen. Das aber ist noch nicht der essentielle Kern, wie Wagner zu verstehen beginnt. Die Bühne ist wichtig, aber doch auch nicht mehr als ein Art Koordinatenwerk, in dem sich die Menschen schließlich zu bewegen haben. Bühne und Kostüme zu verantworten, reicht nicht.

Mammutaufgabe

Also möchte Wagner auch die Regie im *Holländer* übernehmen. Hanke aber lehnt das ab und begründet dies umständlich in einem Brief vom 29. September. Aber er bietet dem Anfänger, der sich ja schon für Größeres rüstet, zugleich auch etwas an: das aufwendigste Werk der Operngeschichte, auch das teuerste, mit Riesenorchester, vier Einzelopern und über 16 Stunden Spieldauer. Die Sänger:innen der vielen Rollen sind zu kostümieren und auf der Bühne zu führen, wofür man eine Reihe von Schauplätzen gestalten muss. Ein Riesenaufwand das alles, allein theatertechnisch gesehen eine Mammutaufgabe, von den ideologischen Dingen ganz zu schweigen. Hanke flötet: »Wollen Sie mir bitte mitteilen, für welches andere Werk Sie sich interessieren, ob Sie vielleicht Lust haben, den gesamten Ring bei uns auszustatten und zu inszenieren.«

das machen wir schon

Hanke überlässt es Wagner, sich final zu entscheiden. Zwar fällt der Name dessen Großvaters, Richard Wagner, nicht, aber nur dessen Werk kommt in Frage. Nie geht es um *Tosca*, *Aida* oder *Wildschütz*, angemessenes Renommee ist nur damit zu erzielen, was ihn in Bayreuth voranbringt. Zwischen dem Erhalt des Angebots und dem Versenden der Antwort liegen ein paar Tage, ein kompletter Schnellschuss ist das, was Wagner zurückschreibt, demnach nicht. Am 6. Oktober[39] teilt Wagner aber mit, dass es tatsächlich der *Ring* sein soll. Gertrud Wagner, so hält sie in ihren Memoiren fest, spricht ihm zu: »Das machen wir schon!«[40]

Gertrud Wagner

Die lange Version, wie diese Entscheidung zustande kommt, ist unveröffentlicht, aber in ihrem Nachlass einzusehen. Es findet sich hier ein Textentwurf von Gertrud Wagner, der aus den Jahren 1986 und 1990 stammt. Mehrfach schreibt sie handschriftlich in großen Lettern auf das Papier, was sie später in die Memoiren übernimmt: »Das machen wir schon.«[41] An dem mit der Schreibmaschine verfassten Text hat sie handschriftlich viel herumkorrigiert, einzelne Sätze oder Worte unterstrichen, durchgestrichen, verbessert, umformuliert. Es ist evident, dass Gertrud Wagner zunächst intensiv daran arbeitete, ihre Erinnerungen eigenhändig zu verfassen. Sie spannt mit dem Text einen zeitlich großen Bogen auf, der weit vor ihrer Hochzeit ansetzt und der auf die mit Wagner »lange praktizierte Partnerschaft auf künstlerischem Gebiete« fokussiert, eine Lebens- und Paargeschichte in nuce. Die gemeinsame Arbeit, so behauptet sie, war der ausschlaggebende Grund, warum man überhaupt heiratete: die künstlerische Zusammenarbeit: »unser wirkliches Liebesleben.«

Schließlich stellt sie fest, dass sie erheblich zu den Inszenierungen ihres Mannes beigetragen habe. Wenn man bedenkt, dass Wagner sich bei seinen Helfer:innen immer wieder bedient mit dem, was ihm künstlerisch nützt, ist das nicht unplausibel. Sie sieht das so. Die Kunstpartnerschaft mit Wagner beschreibt sie als ein Lehrerinnen-Schüler-Verhältnis. Sie, die Tänzerin und Choreografin, habe ihn, den Wissbegierigen, an die Hand genommen. Ihre »freie Kreativität« und körperliche »Musikalität« faszinieren ihn, und so folgt er ihr. Sie geht sogar so weit, dass sie ihm nicht einmal »eigenständige Künstlerschaft«, aber dem »Augenmenschen« immerhin Talent für Raum und Licht zubilligt. Die Quintessenz ist einfach: »Autorschaft« an dem, was Wagner macht, beansprucht dessen Frau auch für sich. Das »wir« im Zitat ist ihr ernst.

Alexander Spring

Die *Holländer*-Premiere in Sichtweite arbeitet Wagner nun auch am *Ring*. Multitasking ist das eine, dass man ihm auch konkret unter die Arme greift, das andere. Gertrud Wagner arbeitet nicht nur künstlerisch, sondern ist auch als Sekretärin erfahren und eine Frau, die zupackt und sich selbst nicht um alles um sie herum kümmern muss. Iris ist versorgt, Winifred Wagner und das Personal sind für das Baby da. Derweil erhält Wagner einen Brief aus Köln. Der dortige Intendant der Oper, Alexander Spring, hat eng mit Siegfried Wagner zusammengearbeitet und bietet dessen Sohn im Brief vom 26. Oktober[42] nun an, ihm persönlich zu erläutern, wie der Vater den *Ring* inszeniert hat. Wagner könne ihm bei seiner gerade in Köln anstehenden *Götterdämmerungs*-Inszenierung assistieren. Der aber ist schon mit einem eigenen *Ring* befasst, das Angebot demnach unattraktiv. Zumal der Krieg dem Rheinland bedrohlich nahegekommen ist, wenn auch Spring für das »luftgefährdete Gebiet« Kölns »bombensichere Unterbringung« garantiert. Ironisch blickt er hier auf die schlimme Attacke der Engländer in der Nacht vom 30. auf den 31. Mai, die Köln nach Angriffen der Nazis auf London und Coventry hart trifft. 500 Menschen sterben, 45 000 werden obdachlos, nach Lübeck ist dies ein weiterer großer Schlag gegen eine deutsche Stadt.

Spring hinterlässt in seinem Brief noch einen konkreten Tipp dazu, wie man die vier *Ring*-Opern am besten anordnet. In heutiger Praxis geht man der Erzählung nach vor und arbeitet die Opern nacheinander ab, im ersten Jahr *Rheingold*, dann *Walküre* und *Siegfried*, denen die *Götterdämmerung* im vierten Jahr folgt, in dem auch die erste zyklische Aufführung stattfindet. Spring hingegen empfiehlt, mit der *Walküre* zu beginnen, weil der Regisseur so den »Stil am leichtesten festlegen« könne. *Götterdämmerung* und *Siegfried* folgen mittig und am Schluss *Rheingold*, das »schwerste der vier Werke«.

Genie

Im Nationalsozialismus ist weit verbreitet, was man Ämterhäufung nennt. Es spielt dabei keine große Rolle, gut ausgebildet zu sein, Autodidakten wie Hitler sind beliebt. Fritz Wächtler hat sich im Land einen gut klingenden Namen erarbeitet, auch wenn nicht alle in Bayreuth ihn schätzen. Im Jahr 1938 ist er hier kurz als Oberbürgermeister tätig und hält den Titel eines Preußischen Staatsrates. In Thüringen war er Volksbildungsminister und Innenminister, fungierte als Reichstagsabgeordneter für die Partei und wird später Gruppenführer der Schutzstaffel. Seit 1935 bekleidet er als Nachfolger des in Bayreuth hochverehrten Hans Schemm vor allem aber den wichtigen Posten des lokalen Gauleiters. Somit ist er einer der mächtigen Unterführer im Land, einer der kleinen Hitlers in den Provinzen.

Wächtler hat eine Idee, die Gertrud Strobel am 24. November notiert, und unterbreitet einen kuriosen Vorschlag. Zu Richard Wagners Todestag, der sich im kommenden Februar zum sechzigsten Mal jähren wird, plant er eine »große Gedenkfeier«. Er wünscht sich, dass Wagner dann die Festbühne als Dirigent besteigen möge. Wächtler, ästhetisch naiver aufgestellt als viele seiner Kollegen, aber immer eifrig, denkt sich: Wenn man ein Wagner ist, wird man sich schon vor ein Orchester stellen und sich entsprechend zur Musik bewegen können. So würde der Enkel das deutsche Genie des Großvaters aktualisieren, obschon er bis dato nie dirigiert hat.

keine Zeitreise

Theater ist flüchtig, es entfaltet sich nur im Hier und Jetzt auf der Bühne. Eine Aufführung, sagen wir der *Meistersinger* im September 1935 am Nürnberger Opernhaus, ist danach für immer verloren. Selbst wenn man sie in Film oder Ton mitgeschnitten hätte, was man nicht getan hat, sie ist passé. Vom Kauf der Karte über die Auswahl der Garderobe, die Anfahrt, das Eintreten in das Opernhaus, die Abgabe des Pelzes, die Platzeinnahme im Auditorium, das letzte Murmeln der anderen, über das man sich noch ärgert, bevor es losgeht, die ersten Töne des Vorspiels bis zu dem Moment, da sich der Vorhang öffnet, die Bühne sich bevölkert mit Figuren, die singen und spielen, stundenlang. Senkt sich der Vorhang und hört man auf zu klatschen, ist es vorbei.

Außer an das, was wir uns selbst erinnern, hinterlässt eine Theateraufführung wenig. Aber das ein oder andere ist es doch und mehr als nur flüchtige Gedanken: Zeitungsberichte, Fotos, Skizzen, Briefe, Entwürfe, aber auch Noten sind es, die man konsultieren kann. Eine Zeitreise aber ist es nicht, sich mit Opernaufführungen zu befassen, die weit zurückliegen.

Premiere eins

Vielmehr, es ist eine mühsame Spurensuche, der Theaterhistoriker arbeitet detektivisch. Ein Theaterzettel, wenn es ihn gibt, lässt ihn die Fährte aufnehmen. Zu Wagners Debüt am 29. November verzeichnet ein solcher Theaterzettel Folgendes: Die »Inszenierung« stammt von Willi Hanke, Alfons Dressel dirigiert, Paul Eberhardt wird als Leiter der Bayreuther Werkstätten ebenfalls gelistet, das Bühnenbild ist von »Wieland Wagner«.[43] Wie Oper aber tatsächlich erlebt wird, ist selten greifbar. Gertrud Strobel, die in Nürnberg dabei ist, notiert ein paar Eindrücke. Sie befindet das »Bühnenbild prachtvoll« und sieht »wundervolle Farben (braun mit gelb), Gegenlicht«. Dann stellt sie fest, dass sich Regisseur Hanke bei dem bedient, was er von woandersher kennt: »Mary geht herum und unterweist die Mädchen im Spinnen (Tietjen-Kopie!)! Senta dreht dem Holländer den Rücken, als er eintritt, usw. usw.« Sie kommentiert das weiter nicht, zählt aber mit, wie man Wagner beklatscht: »12–15 Hervorrufe!«[44]

Öffentlich zugänglich, aber weniger individuell sind Zeitungsberichte. Auch hier findet sich das ein oder andere Brauchbare, wenngleich die Presse gleichgeschaltet ist. So berichtet August Bickel im *Tagblatt* in der Wochenendausgabe vom 5. und

6. Dezember davon, wie sich Wagner stilistisch positioniert. Er befindet anerkennend, dass Wagner sich zur »Werktreue fern aller Experimente von einst und jetzt« bekennt, und ihn überzeugt dessen bühnenbildnerische »Vision des Naturbildes«. Wagner entscheidet sich mit dem, was hier als »realistische Wiedergabe« firmiert, aber auch gegen etwas, wie er es Bickel im Interview wissen lässt. Der zitiert ihn mit dem Satz, »daß wir heute der Zeit der Stilisierung und des Expressionismus innerlich weit ferner stehen als der der deutschen Romantik.«

Schwarzweiß-Kontrast

Keine Stilisierung oder expressionistischen Experimente seitens Wagner also, wie sich an anderer Stelle bestätigt und sich so zeigt, dass die in einer Nazizeitung gefundenen Informationen belastbar sein können. Opernprogrammhefte, wie man sie heute kennt, sind unüblich. Was es aber häufig gibt, sind Theaterzettel, die auf ihrer Rückseite Weiteres zum Stück abdrucken. Im Falle des Nürnberger *Holländers* vom November findet sich dort eine Inhaltsangabe und eines der raren Fotos, die sich von den Inszenierungen Wagners erhalten haben.

Die Bühne zeigt zwei Schiffe in einem Seestück, vorne mit Felsen und hinten mit dem Meer und dem hellgrauen Himmel. Auf der linken Seite, menschenleer, das kleinere Schiff mit den Masten, einem hängenden Segel, den Tauen, dem Bug, dem hochaufragenden hölzernen Galion mit Stele. Das andere Schiff ist größer, massiver, vor allem aber liegt es tief im Schatten, sein Rumpf ist, weit nach unten ausladend, frei. Die schwarz elegant geschwungene Form kontrastiert scharf mit dem hellen Grau. Extrem hoch über dem Wasser liegend, sieht das Geisterschiff aus, als wäre es gestrandet. Der Holländer selbst steht zwischen den Schiffen: Der dunkle Mann, überraschend klein, wirkt verloren, wie eingesunken in das Land.

Pausengespräche

Einen Tag später notiert Strobel, wie sich Premierengäste miteinander unterhalten. Auch die mit nach Nürnberg gereiste Festspielleiterin bekommt mit,[45] wie eine Besucherin in der Pause »ganz laut« feststellt: »Ich finde es besser als in Bayreuth!« Wagner lässt dem folgen: »Den Bayreuther ›Holländer‹ hätten wir glücklich torpediert!« Er dokumentiert somit, wie kriegerisch er gegen die Kollegen ansetzt und seine deutschromantischen Mittel so dosiert, dass er die Oberhand behalten kann. Nur sich künstlerisch zur Wehr setzen, das aber reicht nicht aus. In einer anderen Vorstellungspause berichtet Overhoff, »daß die ›höchste Stelle‹ inzwischen über T. aufgeklärt worden« sei. Was immer sich hinter diesem Satz genau verbirgt, das Buchstabenkürzel steht nicht nur für Tietjen, sondern schließt Preetorius ein, mit dessen Bühnenbildern Wagner nun konkurriert. Mit der höchsten Stelle ist gemeint, dass Wagner sich persönlich an die Staatsführung wendet, wenn ihm etwas nicht passt. Wagner, so heißt es im Tagebuch auch, reist nach Berlin ab, um dort »noch das Letzte vorzunehmen.«[46]

Triumph

Fotos der 1940er Jahre zeigen Wagner in aller Regel als einen leicht überfordert wirkenden jungen Mann. Seine Körpersprache ist kaum entspannt, eher wirkt er unsicher, er lächelt selten. Strobel schaut am 29. November, dem Tag, an dem Wagner entscheidet, das »Letzte«, was auch immer das ist, noch »vorzunehmen«, überrascht auf ihren Schützling: »Der Wieland ist ganz verändert: gelöst, lebhaft und froh!«

Denunziation

In Berlin trifft Wagner Hitler nicht an, aber Goebbels kümmert sich um ihn.[47] Diese Wende in der persönlichen Betreuung Wagners vom ersten zum zweiten Mann im Staat spielt ihm in die Karten. Goebbels hat sich selbst gegen Tietjen zur Wehr zu setzen, weil der als sein persönlicher Widersacher in seinem Streit mit Hermann Göring gilt, der über die Staatstheater verfügt und Tietjens oberster Chef ist. Gegen Tietjen und Preetorius zu intervenieren, ist somit opportun für Goebbels wie für Wagner. Jedenfalls denunziert jemand Preetorius, der beschuldigt wird, Kontakte zu Juden zu haben. Das ist lebensbedrohlich.[48] Tatsächlich finden sich bald entsprechende Briefwechsel, die dieser mit Amsterdamer Juden unterhält. Man verhört ihn und er erhält Berufsverbot.[49] Preetorius überlebt, in Bayreuth aber ist er abserviert.

Programmrecherchen

Gertud Strobel kann aus ihrem Fenster in der Lisztstraße 2 in den Garten der Wagners schauen. Gerne beobachtet sie, was dort geschieht. Trotz der großen räumlichen Nähe treffen sich die beiden Frauen selten, man telefoniert. So auch am 12. Dezember. Winifred Wagner ruft an und will wissen, ob am 2. August 1939 in Bayreuth die *Götterdämmerung* aufgeführt worden sei. Im »Festspielführer« findet Strobel die Antwort schnell. Warum Winifred Wagner das interessiert, verschweigt sie oder weiß es nicht.

Aufrüstungsoper

Man kann, was Winifred Wagner wissen will, auch in Zeitungen nachlesen. Im Sommer 1939 besucht Hitler die Festspiele noch regulär und ausgiebig. Am 25. Juli 1939 reist er zur Eröffnung an,[50] wohnt in Wahnfried im nach ihm benannten Führerbau, am 3. August verlässt Hitler die Stadt wieder. An diesem Tag erscheint in der *Ostmark* ein Bericht über jene Aufführung, mit der man den *Ring*-Zyklus am 2. August 1939 beschließt. Die Antwort auf Winifred Wagners Frage also lautet: Ja, man spielt die *Götterdämmerung* an diesem Tag, und Hitler besucht sie.[51] Möglicherweise will Winifred Wagner drei Jahre später etwas darüber in Erfahrung bringen, wie sich Oper und Krieg zueinander verhalten, ein Monat vor Kriegsbeginn. Die *Götterdämmerung* ist geduldig. Sie nimmt auf, was man ihr gibt, denn letztlich ist sie wie jede andere Oper zunächst nicht viel mehr als mit Noten bedrucktes Papier. Anders als ein paar Jahre später, als der Krieg schon tobt und man mit der *Götterdämmerung* auf einen Frieden zusteuern will, ist sie 1939 Auftaktgeber. Die Oper soll mobilisieren.

Zapfenstreich

In der Zeitung vom August 1939 erfährt man noch Folgendes. Die im Spätsommer schon weit fortgeschrittene Kriegstreiberei der Deutschen trifft an diesem 2. August auf historisches Gedenken. Es jährt sich zum fünfundzwanzigsten Mal der Beginn des Ersten Weltkriegs. Hitler hat somit nach der Aufführung oben am Hügel noch etwas vor: Unten in der Stadt nimmt er eine Militärparade ab. Mitten in der Nacht verbindet er so alles: den alten mit dem neuen Krieg, und wie man beides an die Oper kettet. Die *Ostmark* druckt am 3. August ein großes Foto.

Verschiedene Gruppen haben sich versammelt, man erkennt sie aber wegen des dunklen Lichts vor dem hoch aufragenden Bau des Hauses der Deutschen Erziehung nur schemenhaft, einige tragen Fackeln, die wolkig die Szenerie belichten. Neben dem Portal sieht man nach unten hängende lange Fahnen, deren Details man wegen des schlechten Lichts nicht erkennt.

Da man aber weiß, was sonst hierauf zu sehen ist bei einer solchen Veranstaltung, ergänzt das Auge schnell. Das Foto, als wäre es eine abstrakte Komposition aus Licht mit vielen dunklen Flächen, verbreitet eine dunkle feierliche Stimmung.

Weihnachten

Das Jahr 1942 neigt sich dem Ende zu, am Morgen des 25. Dezembers besucht Wagner die Strobels. Er bleibt Stunden und berichtet von seiner jüngsten Reise nach Berlin.[52] Was er dort Goebbels mitgeteilt hat, lässt er auch die Freunde wissen, er plant, »während der nächstjährigen Festspiele von Bayreuth abwesend zu sein«. Preetorius ist weg, Hitler kommt nicht mehr, und der zukünftige Chef will sich den Festspielen entziehen, um »nach außen ganz klar den Trennungsstrich zu ziehen!«. Wagner plant, Bayreuth personell zu vakuumieren.

Zeugungsoper

Indessen aber hat er begonnen, am *Ring* zu arbeiten. Wie er am 28. Dezember an Hanke schreibt, folgt er Spring und legt mit der *Walküre* los.[53] Nun gilt es, die Aufteilung zwischen Nürnberg und Bayreuth vorzunehmen. Ohne deren Werkstätten ist das Projekt nicht machbar. Die Dekorationen will man unter Leitung von Eberhardt in Bayreuth bauen, um Nürnberg zu entlasten, das nur kleinere Teile fertigen kann.

Dann schlägt Wagner auch schon einen Premierentermin vor. Der hat es in sich. Gerade die *Walküre* mit ihrer Inzestgeschichte zählt Hitler zu seinen Favoriten, heldisches Genie entsteht hier im verbotenen Zeugungsakt, dem die Geburt des potentiellen Retters folgt, auch Siegfried ein Genie. Wagner schlägt vor, dass man die erste von ihm selbst inszenierte Oper, die *Walküre*, am 20. April 1943 aufführt: somit an »Führers Geburtstag«, wie er schreibt. Als könne Hitler Siegfried sein.

1943, *an der Kunst arbeiten*

Abstammung

Rasseforschung betreiben die Nationalsozialisten auch, um zu zeigen, dass man sich anderen Völkern kulturell überlegen fühlt. Deutsches Genie als vererbliches Gut fällt in diese Kategorie, wovon auch Gertrud Strobel überzeugt ist. Auf den 5. Januar fällt Wagners Geburtstag, an dem sie notiert: »Den ganzen Morgen Geburtstagsgeschenk für Wieland (Abstammungsurkunden) vorbereitet.« In Richard Eichenhauers einflussreichem Buch *Musik und Rasse* hat sie gefunden, was die Musikwissenschaft zum Thema beizutragen hat.[1] Das dort angebotene Schema unterscheidet arische von entarteter Musik. Letzteres bezieht man auf Komponisten wie Kurt Weill, Ernst Krenek, Arnold Schönberg, Paul Hindemith, deren Musik nicht gespielt werden darf. Sie ist verboten. Die Strobels kümmern sich um so etwas nicht. Sie konzentrieren sich auf die Helden, gesammelt in achtzehn Aktenordnern zu Wagners Vorfahren und zu anderen deutschen Künstlern, die Strobel Wagner überreicht. Sie gibt sich als Kunsthistorikerin und vergleicht Wagners Physiognomie mit den Gesichtern anderer deutscher Künstler. Die Idee ist simpel, gleiches Konterfei, gleiches Genie: »156 Urkunden in Fotokopie«, »Herrn Wieland Wagner zum 5. Januar 1943 zugeeignet.«[2]

Heldentum, Rasse, Blut

Derweil feiert der *Kurier* den 15. Todestag des großen Chamberlain. Von der Festspielstadt aus, dem »Brennpunkt deutscher Art«, habe dieser den Nationalsozialismus ideologisch ermöglicht, wie die Wochenendausgabe vom 9. und 10. Januar schreibt. Ihm sei es zu verdanken, dass man den »freundlichen Lebensheiland« Richard Wagner politisch so gut vereinnahmen konnte. Heldentum, »Rasse und Blut« ist Chamberlains ideologisch räsonierender Dreiklang.

Amnestie

Hitler widmet sich der Kunst und befasst sich im Januar persönlich mit dem Fall Preetorius. Der darf, so entscheidet der Diktator, »trotz seiner Einstellung ungehindert weiterarbeiten«.[3] Hitler hebt das Berufsverbot auf, in Bayreuth aber ist Preetorius dennoch abserviert. Sollte es Wagner gewesen sein, der Preetorius verraten hat, so kann er seinem Freund Hitler nicht gram sein, dessen Entscheidung ihn nicht weiter tangiert.

Schlichtheit

Intendant Hanke kümmert sich darum, wie aus Wagners Ideen tatsächlich Räume für das Theater werden können. Er drängt mit Schreiben vom 31. Januar darauf, sich in Berlin zu verabreden, um dort die »Siegfried-Dekorationen« zu besprechen.[4] Hanke bleibt dabei nicht ganz neutral und kritisiert, was Wagner szenisch vorschlägt. Er wundert sich, dass dieser »mit so wenig Plastik« arbeitet. Nicht die Reduktion an sich bemängelt er, vielmehr glaubt er, dass so der »Beleuchtung Angriffsflächen« entzogen würden. Die Gesamtästhetik hingegen gefällt Hanke gerade »wegen ihrer Schlichtheit ausserordentlich gut«.

kleine Theatersperre

Gertrud Strobel versetzt es einen Schock, als sie am 3. Februar hört, dass Goebbels zu einer drastischen Maßnahme greift. Gerne geht sie ins Kino und schaut manche Filme mehrfach, von ihrer Liebe zu Oper und Konzert nicht zu reden. Goebbels lässt heute nicht nur sie in eine trostlose Welt blicken. Angesichts verheerender militärischer Entwicklungen verhängt er eine drei Tage andauernde »Schließung aller Theater, Filmtheater, Varietés und ähnlicher Unterhaltungsstätten«.[5] Dem Volk bleibt der Rundfunk, der sich auf »ernste und klassische Musik«[6] kapriziert, so viel Beethoven wie nie.

Der Krieg hat einen Verlauf genommen, mit dem die Bevölkerung nicht gerechnet hat. »Aus dem Führerhauptquartier wird das Ende der 6. Armee in Stalingrad gemeldet«, notiert Strobel. Seit November 1942 waren die deutschen Soldaten in Stalingrad eingekesselt, vergeblich wurden weitere Truppen aus Deutschland eingeschleust, am 2. Februar kapituliert die Armee. 700 000 Menschen kosten die Kämpfe um Stalingrad das Leben.

ein deutscher Winkelried

Wie erklärt man dem Volk eine Katastrophe, nach der es weitergehen soll? Tag eins nach der schockierenden Meldung rühmt der *Kurier* am 4. Februar »unsterbliches Heldentum der Stalingradkämpfer« und zitiert, was Hitler zum Jahrestag der Machtergreifung Ende Januar 1942 verkündet hat: »Siege ertragen kann jeder Schwächling, Schicksalsschläge aushalten, das können nur die Starken!« Die plötzlich veränderte Sicht auf den Helden macht schnell die Runde und erzählt sich visuell am besten. Der *Kurier* vom 6. und 7. Februar druckt ein Kunstwerk von Hermann Hosäus ab. Der Titel des Reliefs »Der deutsche Winkelried« lehnt sich an einen Schweizer Mythos an. Arnold Winkelried kämpft und sucht den Tod, um der Sache zu dienen.

Das Relief zeigt einen nackten Mann, der sein Geschlecht verdeckt, ansonsten vom Scheitel bis zur Sohle ein muskelübersäter Körper. Der ist in Bewegung wiedergegeben, im Laufschritt. Den Kopf zieht er, einem Läufer auf der Zielgeraden gleich, nach vorne, die halblangen Haare wehen im Wind. Seine Hand umgreift ein Schwert, das er hochhält. Er nimmt extra Schwung, sodass er es bald nach vorne wuchtet. Mit dem anderen Arm versucht er etwas abzuwehren. Dabei handelt es sich um eine unübersichtliche Ansammlung von flachen, mit scharfen großen Spitzen ausgestatteten Speeren, vielleicht 12 oder 13 an der Zahl, die dem muskelbespannten Bauch schon gefährlich nahe sind. Der Held läuft in den Tod und wird doch auch versuchen, sein Schwert ein letztes Mal einzusetzen.

europäische Juden

Es soll also gekämpft werden, koste es, was es wolle, und nicht nur gegen die feindlichen Heere. Hitler zieht vor den versammelten Gauleitern am 7. Februar seine Konsequenzen aus dem, was in Stalingrad geschehen ist: »Daraus folgere ich für uns, daß wir das Judentum nicht nur aus dem Reichsgebiet, sondern aus ganz Europa eliminieren müssen.«[7]

kriegswichtig

Es gibt keine Belege dafür, dass Wagner sich mit Hitler über tagespolitische Ereignisse austauscht. Eigentlich interessiert Wagner derlei nicht, er arbeitet ästhetisch. Umgekehrt spricht Hitler mit ihm über alles, was die Festspiele angeht, und unterstützt ihn, wo er kann. Nun hilft er ihm mit einem Attribut. Die Logik dahinter ist einfach. In Zeiten wie diesen richtet sich alles am Krieg aus. Was ihm dient, darf bestehen. Dass dazu auch ein Theater gehören kann, wird am 10. Februar kundgetan: Hitler erklärt die Oper im thüringischen Altenburg für »kriegswichtig«. [8] Das Provinztheater, an das man Wagner und Overhoff als Spielleiter und Chefdirigenten engagiert hat, ist nun Lehrtheater, ein Opernlaboratorium im Krieg.

Gleichzeitigkeit des Ungleichen

Es ist nicht zu übersehen. Während Deutschland auf den Untergang zusteuert, nimmt Wagners Karriere Fahrt auf. Im Laufe des Februars reist er wieder nach Berlin.[9] Goebbels' Brandrede vom 18. Februar, in dem dieser den totalen Krieg und die Ausrottung des Judentums verkündet,[10] könnte er im Sportpalast persönlich miterlebt haben. Vor allem aber kommt er nach Berlin, um mit der Firma Bornemann zu verhandeln. Das freie Atelier fertigt Theaterdekorationen und ist mit dem *Ring*-Projekt beauftragt. Folgendes wird hier geplant: Wagner schickt seine Modelle an das Theater nach Nürnberg, dort stellt man sicher, dass entsprechendes Material vorhanden ist. Gebaut wird in Berlin, von wo aus man die fertigen Dekorationen nach Nürnberg versendet.

Kriegsschäden

Die Luftangriffe auf deutsche Städte nehmen zu. Am 3. März notiert Getrud Strobel, dass Wagner selbst ein solches Bombardement in Berlin miterlebt hat. Er wohnt dort einem Konzert der Philharmoniker bei, das Overhoff dirigiert. Nun also bedient Wagners Ausbilder das rechte Niveau und dem Leiter der Bayreuther Festspiele in spe muss es nicht mehr peinlich sein, wer ihn ausgebildet hat. Strobel bestätigt hier auch, dass man weiterhin plant, Wagners erste *Walküre* auf Hitlers Geburtstag zu terminieren. Der Krieg aber richtet sich dagegen, Strobel berichtet von Kriegsschäden nun auch in Nürnberg, das in der Nacht vom 8. auf den 9. März bombardiert wird.[11] Häuser werden zerstört, Menschen kommen ums Leben, und das Terrain rund um das Opernhaus ist stark betroffen. Dort verbrennen Wagners Kulissen für den *Holländer* und die *Walküre*.

Altenburg

Am 1. April beginnt es.[12] Overhoff tritt seinen Posten am Opernhaus von Altenburg an und spricht zu seinem Personal.[13] Der neue Chef formuliert überschwänglich, dass es ihm »das höchste Glück meines Lebens« sei, mit Wagner arbeiten zu dürfen. Der verfügt über reichhaltig »geniale Substanz«, sei von »Geburt, Tradition, Begabung und Charakter« auserwählt, den »Bayreuther Kulturgedanken« zu erneuern. Mit seinem Mix aus Kunst, Politik und nationaler Aufgabe stimmt Overhoff auf zweierlei ein. Das eine betrifft die ästhetische Frage. Wagner sei nicht engagiert worden, einfach die Standards »bloßer Opernregie« zu erfüllen, womit Overhoff den Gegensatz zwischen werktreuer und künstlerisch ambitionierter Regie anspricht. Das andere betrifft den neuen Wind, der nun weht. Wenn Wagner sich innovativ an die Opern des Großvaters begeben solle, so werde man sich darauf einzustellen haben. Gerade wegen der »Schwierigkeiten durch die totale Kriegsführung« könne Wagner nur effizient arbeiten, wenn alle ihn unterstützten. Vor allem benötige er Zeit: »Man kann dem Enkel Richard Wagners nicht zumuten, eine Götterdämmerung mit 3 oder 4 Proben zu inszenieren.«

keine Neueinstudierung

Operngeschichten aktuell zu deuten, wie wir es heute aus dem Regietheater kennen, kennt die Zeit nicht. Moderne Regiekunst damals setzt auf versachlichende Reduktion, um neu akzentuieren zu können und zugleich nicht allzu naturalistisch oder gar kitschig daherkommen zu müssen. Politisierende Lösungen wie das Festwiesenbild von Benno von Arent, die deutlich weiter gehen, bleiben seltene Ausnahme. Weder also wird man Alberich im Rollstuhl noch Fricka als Krankenschwester oder die Rheintöchter als Huren zu erwarten haben, wenn es um moderne Opernkunst in Nazideutschland geht. Zugleich produziert man in nur einer Spielzeit viel und schnell. Bühnenbildner lassen ihre Dekorationsentwürfe fix auf Leinwände malen und bedienen sich mit dreidimensionalen Versatzstücken bei dem, was früher schon taugte, Felsen, Siegfrieds Schwert, das Rheingold. All das kann man aus dem Fundus beziehen. Hier schauen sich auch die Kostümbildner um und finden Gewänder für Wotan, Erda oder die Mannen. Oper so produziert, führt zu standardisierten Bildern, die mehr oder weniger unverändert weitergereicht werden. Auch die Probenarbeit ist schnell erledigt. Das Personal muss lediglich wissen, wo man wann zu stehen oder welchen Gang man über die Bühne zu machen hat. Psychologisierend erarbeitet werden Figuren nicht, weshalb man mit den »3 oder 4 Proben«, die Overhoff für eine zeitübliche *Götterdämmerung* ansetzt, auskommt. Die letzte Neuproduktion des *Rings* liegt am Altenburger Theater noch nicht einmal zehn Jahre zurück. Der Theaterzettel der *Siegfried*-Aufführung vom 6. Dezember 1933 bezeichnet diese Aufführung als »Neueinstudierung«[14] und entspricht somit der Logik weitergereichter Tradition: Was schon da ist, wird aufgefrischt. Eigene Kunst zu machen, darum geht es nicht.

lebendiges Theater

Aber Opernkunst transformiert sich. Am nationalsozialistischen Lehrtheater von Altenburg entwickeln sich mit Wagners *Ring* die Ideen von Theaterreformern wie Appia und Roller weiter. Man konzentriert sich dabei auf denjenigen, der inszeniert. Der Spielleiter soll jetzt dem Komponisten das Wasser reichen. Eine Schrift aus dem Jahr 1942 bringt theoretisch auf den Punkt, was Wagner sich praktisch zu erarbeiten beginnt. Sie stammt vom Dramaturgen und Regisseur Siegmund Skraup. Auf schlechtem Papier gedruckt, schneidet heute ein Bleistift, mit dem man unterstreichen will, eher in die brüchigen Seiten, als dass er schreibt. Mag das Papier des Buches alt sein, sein Inhalt ist es nicht. So kritisiert der Autor die »sogenannte Werktreue«,[15] und das im Kapitel über Richard Wagner. Das Buch handelt von der »modernen Musikregie«, wo der Opernregisseur das »eigentliche Schöpferische«[16] vertreten soll: »Das Recht der ›dichterischen Freiheit‹ besteht auch für« ihn.[17] Weder Komponist noch Librettist, sondern er, der Regisseur, verantwortet die »moderne Schauspieloper«.[18] Der Titel des Buches bringt all das auf den Punkt: »Die Oper als lebendiges Theater.«

Rosen und Kaffee

Am 11. April feiert man Hochzeit in Wahnfried. Bayreuths Oberbürgermeister fungiert als Standesbeamter, der Wolfgang Wagner mit Ellen Drexler traut. Hitler schickt Rosen, und Winifred Wagner organisiert, was man sonst so braucht. Gertrud Wagner erinnert sich der ausgezeichnet funktionierenden Wirtschaft ihrer Schwiegermutter, die es mit oberfränkischen Bauern ebenso gut wie mit Behörden und den Versorgungseinrichtungen der Krankenhäuser kann. Sie zapft sie alle an, besorgt und hortet, was nicht verdirbt, der »Freßkeller« der

Wagners ist gut gefüllt.[19] Mit Geräuchertem, Eiern, Butter, Torten, Spargel, Erdbeeren, Schokolade, Orangen und einem Geschenk Hitlers aus Saudi-Arabien: Bohnenkaffee.

Führers Geburtstag

Der aber ist nicht zugegen. Mit vierwöchiger Verspätung beglückwünscht er das Paar persönlich, das er für eine Stunde vor seinem Abflug in die Wolfsschanze, sein Hauptquartier in Ostpreußen, in Berlin-Staaken empfängt.[20] Sein eigener Geburtstag am 20. April ist ohne jegliches Zeremoniell in Obersalzberg verstrichen.[21] Den Ehrentag mit der von Wagner inszenierten Zeugungsoper zu feiern, hatte man absagen müssen. Die zerstörten Dekorationen konnten nicht rechtzeitig ersetzt werden. Die Premiere ist somit verschoben und die Idee, sie mit Hitlers Geburtstag zu verknüpfen, gestorben.

Komödie

Zwar besteht Hitler darauf, dass Festspiele durchgeführt werden, das bestehende Repertoire aber ist vergiftet, da ja alles von Preetorius stammt. Gertrud Strobel hält am 17. Mai fest, dass man Wagner verantwortlich für die Misere mache, »daß er schuld daran sei, daß man den ›Holländer‹ nicht mehr geben könnte!«. Auch der *Ring*, heißt es, werde »völlig zusammengeschlagen«. Wagner holt alte Pläne aus der Schublade. Nun sollen die *Meistersinger* im Sommer gespielt werden, und somit das Stück, mit dem Hitler nach gewonnenem Krieg triumphierend in sein Bayreuth zurückzukehren gedachte. Man wird die Komödie aber vorziehen und in der dritten Kriegssaison spielen. Die schon vorhandenen Kostüme kommen aus Berlin, wie Strobel am 30. Mai festhält: »Damit hat man den Führer gefangen.« Der ist einverstanden, Wagner übernimmt das Bühnenbild, die Inszenierung Erzfeind Tietjen.

Amboss und Schwert

Einige Tage vor dem 130. Geburtstag Richard Wagners, am 19. Mai, druckt der *Kurier* eine Serie von Briefmarken der »Protektoratspost« ab. Man kündigt Sondermarken an, die Motive nach Mähren und Böhmen tragen sollen, welche die Nazis im Kernland hochhalten. Die kleinen Bildchen zeigen Richard Wagners Porträt für 120 Kronen, Hans Sachs in den *Meistersingern* für 60 Kronen und Siegfried aus dem *Ring* für 250 Kronen.

Der steht vor dem Amboss, auf das er sein Schwert, das er in der linken Hand hält, aufgelegt hat. Den rechten Arm hält er weit nach oben, um den Hammer bald wuchtig auf das Metall donnern zu lassen. Die Funken des letzten Schlages sprühen noch weg und beleuchten die Szene wie Sterne die Nacht. Siegfrieds Figur nimmt die Höhe der Briefmarke ein. Bis auf den Stoff, der um seine Hüfte gewunden ist, ist er nackt. Die Beine schlank, die Muskeln an Körper und Armen plastisch herausgehoben. Den Blick richtet er konzentriert nach unten, das Gesicht von blonden lockigen Haaren umfangen.

Vernichtung

Schöne Männer also behalten die Oberhand. Daraus folgt, dass man den Feind nun final zu erledigen hat, auch wenn das kriegerisch nicht mehr gelingen kann. Es ist nicht mehr zu überhören, was Hitlerdeutschland mit den Juden vorhat. Ein Wortführer der deutlichen Sprache ist Robert Ley, Hitlers Vertreter in Bayreuth, der am 3. Mai eine Rede vor Rüstungsarbeiter:innen hält. Der Rundfunk überträgt: »Wir werden nicht eher den Kampf aufgeben, bis der letzte Jude in Europa vernichtet worden ist.«[22]

Siegmunds Kappe

Wagner entwirft eigene Heldenfiguren. Eine steckt er in die Gewandung eines Tiers, wie Skizzen in seinem Nachlass zeigen.[23] Es geht um Siegmund, der in der *Walküre* Siegfried zeugt und den Wagner mit einem einteiligen kleiderartigen Gewand ausstattet. Es endet oberhalb der Knie, gibt die nackten Beine frei und wird von einem Gürtel in der Mitte zusammengehalten. Von der Schulter fällt eine Schärpe hinab, die in den Gürtel eingefasst ist. Wagner gibt preis, wie er sich das stofflich denkt: »dunkelgrau«, »zerfetzt«, aus »Fell«. Akkurat zeichnet er die Kopfbedeckung der Figur, die Siegmunds Profil zeigt. Das spitze Tierohr, das die Mütze überragt, konturiert er überdeutlich. Sie zeigt, dass Wagner ein Tier wählt, das beißen will, und er notiert: »Wolfsfell auf Kopf.«

Premiere zwei

Sechs Wochen nach Hitlers Geburtstag ist es so weit. Am 1. Juni geht die *Walküre* in Nürnberg über die Bühne, Wagner debütiert mit einer *Ring*-Oper, nun in doppelter Funktion, da er auch selbst inszeniert. Die Presse berichtet, und Wagner sammelt die Zeitungsausschnitte, die sich heute in seinem Nachlass befinden. Kein Artikel zur *Walküre*, der nicht darauf abhebt, wer sich hier ans Werk macht. Nur am Rande berichtet man auch von den Sänger:innen und Alfons Dressel, der dirigiert. Wagner aber interessiert am meisten und tritt so in die Fußstapfen des Großvaters. Dass Hitler selbst nicht anwesend ist an diesem Abend, mag man als einen Schönheitsfehler ansehen. Irgendwie aber ist er dennoch präsent, vor allem für die, die wissen, dass ihm die Aufführung zu widmen war. Leer bleibt die Führerloge, die Hitler wie andernorts ins Nürnberger Haus mit eigener Toilette im Vorraum hat einbauen lassen, ohnehin nicht. Die Nürnberger Naziprominenz,

Intendant Hanke und wohl Wagner selbst dürften in ihr Platz genommen haben.

Bayreuther Augen

Wie andere kündet am 3. Juni auch das Nürnberger *8-Uhr-Blatt* von politisch künstlerischen Zielen. Man schreibt vom »jugendlichem Elan« Wagners, der Chamberlains Ideale im Blick behalte. Georg Decker stellt am 4. Juni in der *Fränkischen Tageszeitung* fest, dass Wagner über alles wichtige verfüge: »Bayreuther Augen«, »Bayreuther Tradition«, und darüber hinaus sei er »modern wie eben ein junger Mensch sein kann«. Die Nibelungenwelt fasse er in der »Monumentalität der Linie klar« auf, heißt es weiter, und Wagners Personenregie ist »großzügige Vereinfachung, die alles Nebensächliche vermeidet«. Wagner ist nun tatsächlich nicht mehr nur Spielleiter, sondern er inszeniert künstlerisch. Und das im Sinne der Ideologie der Nationalsozialisten.

Kinder schafft Neues

Ein einheitlich positives Presseecho aber ist in Sachen Kunst trotz der Gleichschaltung nicht selbstverständlich, es gibt einen Ausreißer. Der *Fränkische Kurier* vom 4. Juni fragt ausdrücklich, wie werktreu Wagner vorgeht. Die Stellen, an denen Wagner von den »in der Partitur gegebenen szenischen Vorschriften« abweicht, sorgen für »Unklarheiten«, schreibt die Rezensentin Eva-Maria Schneider. Wagner, strategisch gut aufgestellt, hat einen solchen Vorwurf vielleicht schon vorausgesehen, zumal sein *Holländer* stilistisch ganz anders geprägt ist. Er befasst sich ja schon lange mit der Spannung von nur nachahmender und freierer Gestaltung eines Werks.

Zwei Tage vor der Premiere noch schaut Wagner bei den Strobels vorbei, um, wie Gertrud Strobel am 30. Mai schreibt, den »kleinen Artikel für das Programm zur *Walküre* zu besprechen«. Dieser Artikel ist auf der Rückseite des Nürnberger Theaterzettels abgedruckt und mit Wagners Namen gezeichnet.[24] Er ist somit einer der wenigen Texte, die Wagner je veröffentlicht, wenn auch die Strobels hier mitmischen: »Wir arbeiten dann Wielands Entwurf aus und ich schreibe ihn ab.« Der Text beginnt mit der wohl berühmtesten Äußerung des Großvaters: »Kinder, schafft Neues!« Dass jemand sklavisch einfach nur nacharbeitet, schließt dieser Satz aus. Dem folgt, dass der Text einen Spagat vortäuscht, indem man das eine nicht negiert und das andere doch auch einfordert. Zur Werktreue bekennt er sich insofern, als auch hier die Partitur als das Maß aller Dinge benannt wird. Das »musikalische Motiv« fordere dazu auf, den Bühnenraum, die Figuren und deren Bewegungen entsprechend zusammenzuführen. Das sich so ergebende Arrangement aber muss nicht notwendigerweise dem folgen, was die »Tradition« gutheiße. Die Musik bedinge somit nichts, was ästhetisch unverwandelbar sei, sondern sie gibt »dem Regisseur die größte Freiheit«. Das Credo für eine Oper, die sich zu aktualisieren hat, gerät klar, und ein Spagat ist das in der Tat nicht. Die Hinwendung zu dem, was als werkuntreu gilt, begründet Wagner nicht über die Ästhetik, die man wählt, sondern über die Funktion der Person, die sie einsetzt: Wagner, der Regisseur, schiebt Wagner, den Künstler, nach vorne.

am Anfang war die Tat

Er ziert Feldherren, Führer und Dichter, und das seit der Antike. Weit verbreitet ist er im 19. Jahrhundert, der Ära des Geniekults. Als Siegeszeugnis und Hoheitszeichen entfaltet er die Wirkung einer Krone, weshalb Napoleon sich mit ihm malen lässt, als er sich zum Kaiser kürt. Am Tag der

Walküren-Aufführung macht Gertrud Strobel einen Eintrag zu einem Geschenk für Wagner anlässlich seiner ersten großen Premiere.[25] Sie hat es gut verpackt, um es im Zug sicher nach Nürnberg bringen zu können. Mit roter Schleife, einem Spruch und dem Datum der Premiere versehen, trägt es den Namen des Geehrten: »Wieland Wagner zum 1. Juni 1943«. Strobel verschenkt einen Lorbeerkranz, den sie Wagner geflochten hat, das Symbol einer Initiation: »Im Anfang war die Tat!«

politische Entscheidung

Nach der Premiere fährt Wagner nach Bayreuth. Und zwar so, dass er schnell weiter nach Berlin reist, bevor die Mutter, ebenfalls unterwegs, wieder in Bayreuth ankommt.[26] Zwischendurch aber schaut er bei den Strobels vorbei, die er beruhigen will. Gesehen hat er Hitler zwar nicht, vielleicht aber mit ihm oder einem anderem aus dem Umkreis des Diktators nach der *Walküre* telefoniert. Strobel notiert am 4. Juni exklusiv, worüber Wagner sie informiert. Er hält fest, dass »der Krieg in 2 bis 3 Jahren politisch entschieden« sein werde. Deutschland also müsse verhandeln, glaubt er und setzt hinzu: »Militärisch wäre nichts zu machen.«

Theaterressourcen

Oper im Krieg zu machen, ist ein aufwändiges Unterfangen. Wagner aber verfügt über alles, was man haben kann. Mit Nürnberg, Altenburg und Bayreuth sind es drei Theater, Personal und Werkstattkapazitäten inklusive. Auch finanziell kann es nicht besser sein. Goebbels stellt für den Altenburger *Ring* zusätzliche 120000 Reichsmark zur Verfügung,[27] ein Vermögen.

Einheitsbühnenbild

Am 12. Juni schreibt Wagner an den Altenburger Intendanten Ernst Lüsenhop, um den dortigen *Ring* voranzutreiben. *Walküre* als die erste hier anstehende *Ring*-Oper ist ihm vertraut, weshalb er jetzt schon mal das nächste Stück anpeilt, seine erste *Götterdämmerung*. Die Vorarbeiten sind abgeschlossen und Wagner entscheidet, die Oper »mit einem Einheitsbühnenbild« zu realisieren.[28] Er begründet dies nicht mit fehlendem Material, sondern er habe sich vielmehr »aus Sparsamkeitsgründen« und »in Anbetracht des 4. Kriegsjahres« für diese Reduktion entschieden. Ein kurioses Argument angesichts der Geldmengen, die der *Ring* verschlingt. Wo gehen die Riesensummen hin? Improvisieren muss man in jedem Fall, und das macht kreativ, weshalb Wagner das rein Materielle behutsam zurückfährt. Er will sich auf die Zeichnung der Figuren konzentrieren, von denen er wegen der Knappheit an Stoffen aber noch nicht weiß, ob er sie mit eigenen Kostümen versehen kann. Er bittet im Brief vom 12. Juni aber schon mal darum, die »Hauptdarsteller einigermassen unkitischig einzukleiden«. Wagner wendet sich mit seinem Vorhaben gegen einen leeren Ausstattungsluxus. Er sucht schöne und klare Bilder.

Musik unvergänglich

Der *Kurier* vom 6. Juli berichtet von einem weiteren schweren Luftangriff. In der Nacht vom 29. auf den 30. Juni wurde Köln bombardiert. Es kommentiert Jakob Schaffner, Schweizer Naziautor. Im Titel seines Textes wählt er einen Begriff, den ein Krieg mit sich bringt. Er spricht hier vom »apokalyptischen Gesicht der Briten«, welche die Stadt beschossen hatten. Aber weder vertieft er, was er damit meint, noch schreibt er, was die Bomben tatsächlich anrichten. Es sind 4 300 Menschen, die ums Leben kommen, die Innenstadt ist stark betroffen, 230 000 Menschen obdachlos. Er konzentriert sich auf das berühmteste Gebäude der Stadt, das zwar keine großen Schäden zu verzeichnen hatte, und beklagt dennoch die »Schändung des Kölner Doms«. In der Architektur manifestiere sich das »unaussprechliche« Besondere deutscher Kunst. Ein solcher Bau aber erweise sich prinzipiell auch als fragil, da der Feind das Symbol des kulturellen Erbes einfach zusammenschießen könne. Demgegenüber sei nur die Musik geeignet, ebenso deutsch wie sphärisch, nachhaltig zu wirken, weil sie immateriell sei. Die Musik »können sie uns nicht zerschlagen«.

Sein oder Nichtsein

Der Bayreuther Sommerzirkus, der wiederum den Krieg flankiert, eröffnet im Juli seine Arena. Kraft durch Freude entsendet wieder zigtausende Arbeiter:innen und Soldaten, die gerne in Bayreuth durchatmen. In diesem Jahr nun also die heiteren, aber nicht minder langen *Meistersinger*. Die Zeitungen füllen sich schnell mit den vorhersehbaren Geschichten über verletzte Soldaten und bayreuther Künstler:innen, wenn auch mit dem fortschreitenden Krieg die Anzahl der Fotos, die man druckt, zu sinken beginnt. Neben Wagner selbst hofiert die Presse besonders den Stardirigenten Furtwängler sowie den Hitlervertreter Ley. Der hatte den Deutschen noch unlängst die Vernichtung der Juden angekündigt, jetzt geht es ihm um »Sein oder Nichtsein«, wie er im *Kurier* vom 17. und 18. Juli zitiert wird. Passend zum Ort argumentiert Ley mit der Kultur selbst, warum der Krieg gewonnen werden muss, vom Gegner sei nämlich nach einem verlorenen Krieg in der Pflege von Kunst, Architektur und Theater nichts zu erwarten. Sein Mitarbeiter Lafferentz lässt zugleich wissen, dass Krieg auch an der Front kulturbildend wirke. Seine Kraft durch Freude habe bis dato »650 000 Kriegsveranstaltungen« für »225 Millionen Soldaten« durchgeführt.

Premiere drei

Am 15. Juli eröffnet Furtwängler mit den *Meistersingern* die Festspiele, der Premiere folgt eine Reihe weiterer Aufführungen. Die Welt erstickt im Krieg, Hans Sachs beschwört die Tugenden deutscher Kunst fünfzehn zusätzliche Male. Bühnenbildner Wagner steht auf dem Theaterzettel[29] ganz oben, und unter der langen Liste des solistischen Personals findet sich ein Hinweis für das letzte Bild der Oper, die Festwiese. Hier sieht Tietjen ein Massentableau in Max-Reinhardt-Manier vor. Der Chor alleine würde zu dünn wirken, also treten Mitglieder der »HJ, BDM und Männer der SS-Standarte Wiking« auf. Auch wenn man das Volk aus Nazigruppen rekrutiert, erscheint es dennoch in historischen Kostümen und keineswegs uniformiert. Dreht man den Theaterzettel um, so findet sich hier ein Plan, wie das Haus mit seinen fast 2 000 Plätzen evakuiert werden kann. Das »Bei Fliegeralarm Ruhe bewahren!« evoziert ein Bild, was tatsächlich passieren könnte, sollten die Sirenen feindliche Bomben ankündigen. Der Übersichtsplan dürfte kaum verhindern, dass die Menschen panisch durcheinanderlaufen, um schnell den nächstgelegenen Unterschlupf aufzusuchen. Nach dem Alarm geht es weiter, deutsche Musik ist unzerstörbar: »Die Vorstellung wird dort fortgesetzt, wo sie unterbrochen wurde.«

Hustenkonzert

Ein Theater ohne Publikum macht keinen Sinn. Das ist wohl der Grund, warum man werktätige Kriegsarbeiter:innen und versehrte Soldaten massenweise nach Bayreuth karrt. So lässt sich das Haus füllen und man kann zugleich behaupten, das elitäre Festival sozialistisch neu zu deuten. Diese Rechnung aber geht insofern nicht auf, als die Eingeladenen, obwohl man ihnen eine Komödie präsentiert und sie mit Vorträgen traktiert, nicht mitziehen. »Schlechtes Publikum!«, hält Gertrud Strobel am 30. Juli trocken fest. Womit man jeden Einzelnen belohnen möchte, führt zu unverständlicher Unruhe während der Aufführungen. Es wird geredet, an falschen Stellen geklatscht, und: »Großes Hustenkonzert vor Beginn jeden Aktes.« Die Soldaten verstehen nicht nur nicht die Oper, sie machen sich zudem auch noch lustig, einen hört Strobel sagen: »Ich bin wirklich angenehm enttäuscht!«

Vergeltung

Erneut schreibt Max Wiskott Wagner einen langen Brief. Es geht in diesem Schreiben vom 4. August[30] unter anderem wieder darum, wie Farben in der Malerei und auf der Bühne wirken. Wiskott ist aber auch gut über Wagners Zeitplan informiert, die beiden stehen in regelmäßigem Austausch. Er fragt nun an, ob es sich tatsächlich auch lohnt, zur *Siegfried*-Premiere am 14. August nach Nürnberg zu reisen. Wagner hat ihn offensichtlich gewarnt, da er selbst nicht ganz glücklich mit dieser Arbeit ist. Auch berät der Freund Wagner in akustischer Hinsicht und schlägt für das Festspielhaus einen Mechanismus vor, mit dem man die Deckelung des Orchestergrabens öffnen und schließen könnte. Schließlich geht es um die Opern von Siegfried Wagner, die man, so Wiskott, viel öfter spielen müsse. Vor 1933 seien es ja die »Juden« gewesen, die sie entweder verhindert oder nach »stets durchschlagenden Anfangsaufführungen zu Fall« gebracht hätten. Wenn Wagner verbindliche Musterentwürfe liefern würde, könnte man die Opern häufiger spielen: »Nur Du könntest«, so Wiskott, »das Vorbild abgeben.« Schließlich rät er Wagner noch, eine weitere Produktion für Nürnberg, den *Freischütz* nämlich, nicht anzunehmen, zumal diese Premiere dann »in die Zeit der leider, leider auch N. bevorstehenden Bombenangriffe fallen« würde. Später im Jahr könne man hingegen mit den »heisserwarteten Vergeltungsangriffen gegen England« rechnen, die »uns Ruhe verschafft haben werden!«. Das wäre ein militärischer Hintergrund, der zur im »Dezember geplanten Götterdämmerung« passen würde, befindet er. Aber es wird anders kommen.

Paul Eberhard

Zum Ende der Festspiele erscheint im *Kurier* am 6. August ein großer Sonderbericht, der hinter die Kulissen blickt. Man sieht Handwerker Holzteile zusammenhämmern. Wie das Publikum kommen auch die Arbeiter von der Front, es sind Soldaten. Verantwortlich für das Ganze zeichnet der technische Direktor der Festspiele, Paul Eberhard, der diese Position seit 1932 innehat.[31] Wagner arbeitet eng mit ihm zusammen, zumal Eberhard der Familie nahesteht und auch schon mal als Chauffeur aushilft.[32] Aus Wagners Ideen lässt er die eigentlichen Bühnenbilder entstehen, im Falle der *Meistersinger* vollplastische Stadtansichten. Ein Foto im *Kurier* zeigt, wie man die zwei sich kreuzenden Gassen des mittelalterlichen Nürnbergs erstellt.

Seitlich erkennt man das hoch aufragende Portal der Festspielbühne, das die Szene rahmt. Männer tragen im Vordergrund ein über 6 Meter messendes hölzernes Kulissenstück über die Bühne. Ein schon fertiggeselltes Versatzstück eines Hauses steht fertig so da, wie es später auch das Publikum sehen wird. Im unteren Geschoss gibt das Kulissenwerk eine erste steinerne Etage vor, darüber Fachwerk, auf dem das spitz zulaufende fränkische Dach sitzt. Die Konstruktion ist mit kleinen Fenstern versehen und ragt über 10 Meter hoch in den Raum hinein, als wolle der Bau die Bühne sprengen.

es regnet Bomben

Wiskotts Vermutung, dass man Nürnberg bombardieren wird, trifft schneller zu als gedacht. Zimmert man in Bayreuth ein falsches Nürnberg kunstvoll zusammen, nimmt die Zerstörung des echten Nürnbergs am sehr frühen Morgen des 11. Augusts seinen Lauf. Die Angriffe beginnen um 0.48 Uhr, sie treffen über 3 500 Häuser. Wagner erlebt den Angriff und hilft, die Feuer zu löschen, wie Gertrud Wagner berichtet.[33]

Premiere vier

Es sind die bis dato schwersten Bombenangriffe auf die Stadt. Es fallen ihnen 585 Menschen zum Opfer. Teile der Südstadt und das Theater sind getroffen, weshalb man die Spielzeiteröffnung mit *Siegfried* verschiebt. Nicht am 14. August, wie Max Wiskott in seinem Brief an Wagner noch annahm,[34] sondern knappe zwei Wochen später findet die nächste *Ring*-Premiere statt. Die findet das übliche Lob, die Zeitungen vom 25. August berichten aber nicht mehr als freundlich und bestätigen, was wohl Wagner selber über die Aufführung denkt.

Kommunikationslust

Der Wagnerclan liebt es zu reisen, mit dem Auto oder dem Zug geht es durch das Land. Dieser Umstand führt zu einer beachtlichen Familienkorrespondenz, zumal man sich bisweilen sogar schreibt, obwohl man am selben Ort ist. Zwar halten sich bis heute Gerüchte, dass noch nicht alle Schriftwechsel aufgetaucht seien, vieles aber ist einsehbar wie in den Nachlässen Wieland und Wolfgang Wagners. Noch fehlen jedoch die Unterlagen aus dem Erbe von Verena Lafferentz, auch sind bislang keine Briefe zwischen Hitler und den Wagners aufgetaucht. Das Vorhandene aber zeugt davon, dass die Wagners kultiviert streiten. Dabei geht es fast immer um planerische Fragen rund um die Festspiele, selten nur thematisieren sie Persönliches oder den Krieg und dessen Folgen. Auch tauschen sie sich fast nie über künstlerische Fragen aus.

der schöne Krieg

Ein Brief aber fällt in der viele Leitzordner füllenden Familienkorrespondenz heraus. Der Schreiber ist ehemaliger Soldat und erlebt den Krieg als futuristisches Gesamtkunstwerk. Aus Nußdorf richtet Wolfgang Wagner am 8. September folgende Worte an seinen Bruder, als zeichne er ein Bild.[35]

Wir haben viel Spass und Freude an Iris, die die ganze Familie unterhält und um die sich natürlich alles dreht. Bei dem Angriff auf München wurde das Seegebiet zahlreich überflogen und die Abwehr tratt [sic] lebhaft in Tätigkeit und es bot sich so ein phantastisches Bild. Auch bei den Tageseinflügen war hier etwas los, wir konnten einen viermotorigen Bomber angeschossen beobachten, wie er immer mehr an Höhe verlor, er soll schweizwärts auf dem See niedergegangen sein. Nickel machte in unserer Wohnung in Berlin ja den letzten Angriff mit, bei dem es in unserer Gegend ziemlich munter zugegangen ist; bei uns fehlt einstweilen nur ein guter Teil der Scheiben.

Bluterbe

Die *Altenburger Zeitung* stellt am 10. September den neuen Star der Oper vor. Einen Tag vor der Premiere fragt man: »Wer ist Wieland Wagner?« Arthur Schmolitzky antwortet in vier lobreichen Spalten, die wieder künstlerisches Erbe und geniale Disposition zusammenführen. Vielleicht gerät der Artikel auch deshalb so ausführlich, weil bekannt ist, wie Hitler das sieht. Der lässt in diesem Sommer nämlich eine seiner Sekretärinnen wissen: »Die Nachkommen von Genies haben es meist sehr schwer«, weil »man ihnen den Durchschnitt nicht« verzeihe.[36] Schmolitzky verdeutlicht, dass Wagner seine »Kräfte des Blutes und Geistes« produktiv entwickeln wolle und dass dabei nichts Durchschnittliches herauskommen werde. Man freue sich darauf »trotz Not und Tod des Krieges«.

Premiere fünf

Einen Tag später, am 11. September, bringt Wagner seine zweite *Walküre* auf die Bühne, es dirigiert Overhoff. Wieder fallen die Berichte zustimmend aus. Kurt Reimann in der *Zwickauer Zeitung* vom 14. September[37] vergleicht die Inszenierung mit der Vorgängerproduktion, die am 11. März 1936 im Rahmen der »Altenburger Bühnenfestspiele« herausgekommen war.[38] Es hat sich gelohnt: »Bild- und regiemäßig hat Wieland Wagner die Aufführung vollkommen erneuert.« Wagner führe, heißt es, vom Malerischen her Regie und sei besonders der Musik verpflichtet. So in der Walkürenszene, die er »bei aller Erregtheit aus dem Geiste des Musikalischen heraus« inszeniert. Schmolitzky betont am 13. September in der *Altenburger Zeitung*, wie sehr Wagner es auf jeder Ebene gelinge, das Bühnengeschehen zwar schlicht, aber dennoch erhaben zu gestalten.[39]

Ansprüche

Aber alles ist teurer als gedacht. Intendant Lüsenhop macht sich auf die Suche nach weiteren Mitteln. Am 29. September klopft er bei seinem Oberbürgermeister Otto Grimm an.[40] Um ihn unter Zugzwang zu stellen, berichtet er, dass Wagner schon weitere Mittel eingeworben habe, Lafferentz will für »geschlossene KDF-Ringaufführungen« 50000 Reichsmark extra bereitstellen. Man benötigt aber mehr, so Lüsenhop, weil »Herr Wagner auch besondere Ansprüche« für seine nächste Oper, den *Freischütz*, stellt. Außerdem stehe ja noch der *Tannhäuser* aus. Alles in allem sind es 40 000 Reichsmark »Sonderzuschuß«, die er verlangt.

Premiere sechs

Wagner macht Karriere, zunächst als Bühnenbildner, jetzt auch als Regisseur. Dabei konzentriert er sich auf Opern, die aus der Familie kommen, und entspricht so dem Bluterbekonzept in simpler Weise. Der Sohn reiht sich unmittelbar ein in die genealogische Riege seiner Vorväter, indem er ihre Werke auf die Bühne bringt. Von dieser Regel seiner frühen Jahre weicht er nur einmal ab. Jene Oper, auf die schon Richard Wagner sein deutschtümelndes Vermächtnis wesentlich baut, inszeniert er, als sei sie Teil seines ansonsten nur genetisch vernetzten Opernwirkens. Im Altenburger Staatsarchiv ist der Premierentheaterzettel zu Carl Maria von Webers *Der Freischütz* zwar nicht überliefert, dafür aber zu einer der nachfolgenden Aufführungen, die für den 10. Oktober annonciert ist.[41] Diesmal überlässt Wagner die Ausstattung anderen, nur die Rubrik »Inszenierung« verzeichnet seinen Namen.

Wagners Nase

Dreht man den Theaterzettel um, so zeigt sich dort das Markenzeichen deutscher Kunst. Da ist er, der Star der aktuellen Oper, wie man ihn aus der Presse kennt. Das Konterfei beglaubigt traditionelle wie moderne Ästhetik gleichermaßen.

Es ist ein Profilporträt als Schulterstück, das Wagner im schwarzen Sakko und dunklen Hemd zeigt. Unterhalb des zur Seite gerichteten Blicks ist der Hals sichtbar, Wagner trägt keine Krawatte, er gibt sich frei und jugendlich. Das Licht fällt seitlich auf sein Gesicht und betont Backenknochen und Kinn. Vor allem aber lässt es die familiencharakteristische Nase prägnant hervortreten.

ewig-junges deutsches Volkslied

Mit dem *Freischütz* schließt Wagner dort an, wo er mit dem romantischen *Holländer* aufgehört hat, und lässt seinen *Ring*-Stil kurzfristig hinter sich. Schmolitzky schreibt in der *Altenburger Zeitung*,[42] dass diese Oper »Zeugnis deutschen Kulturschaffens« sei, und Regisseur Wagner sowie Dirigent Overhoff seien »deutsche Künstler«, die »einfach und natürlich nachgestalten«, was man ihnen vorgebe. Wagner verwende die »Quellen«, aus »denen sein Großvater« einst »für sein eigenes großes Werk« schon geschöpft habe. Oper, in dieser Weise gestaltet, ist dem Kritiker ein »großes, ewig-junges deutsches Volkslied«.

charaktervoll

Meist lobt die gleichgeschaltete Presse, was Wagner auf der Bühne zeigt. Im Konvolut der nachgelassenen Artikel findet sich aber ein längerer Kommentar, der nicht in dieses Schema passt. Der maschinengeschriebene Text kommuniziert nicht öffentlich, sondern intern in Sachen Oper und wurde Wagner zugespielt. Er stammt von der Reichstheaterkammer, die mit ihrem »Informationsdienst für die deutschen Bühnen« das Theater im Land kontrolliert.[43] Es war offensichtlich vorgesehen, Wagners gesamte Altenburger Produktionen »regiekritisch« abzuarbeiten. Im Nachlass Wagners liegen aber nur ein »Vorwort« sowie der sehr ausführliche Bericht zu seiner *Walküre* vor.

Das Vorwort hält lobende, aber auch etwas leere Worte zunächst zu Wagner selbst bereit, der »eigenlebig«, »charaktervoll«, »völlig selbstlos« sei und in »unegozentrischer Dienstbereitschaft« mit »nachgestalterischer Kraft« operiere. Sogar »gesundes Drängen zum besseren Neuen« wird ihm bescheinigt. Dem schließt sich die übliche kriegerische Rhetorik an: »Gerüstet mit dem Schwert tatfrohen Wollens« sei Wagner in der Lage »mit der Waffe eines hellsichtigen künstlerischen Gewissens [...] das deutscheste aller bühnenmusikalischen Kunstwerke vor den Ungeistern der Verflachung, der Verkrampfung und Erstarrung zu beschützen«. Wagner taucht auf in einem Strudel schmeichelnder Worte. Aber das ist nicht alles.

Rudolf Hartmann

Der Autor des Textes ist nicht irgendwer. Auch er gehört dem weiten Netzwerk der Familie an. Rudolf Hartmann ist Regisseur an der Münchner Staatsoper und einer der erfahrenen Opernmänner, der Uraufführungen von Richard Strauss und Carl Orff verantwortet. Seinem Gutachten liegt die Aufführung der *Walküre* in Altenburg vom 12. Oktober zugrunde und es vermittelt zunächst den üblichen positiven Eindruck von Wagners Arbeit. Die Musik bewege sich analog zu den Körpern, heißt es da, umgekehrt erwüchsen die Figuren aus der Musik. Die Partitur sei sein »eigentliches Regiebuch«, das Ganze wie eine große bewegte Malerei, die Bilder fügen sich im Auge des Betrachters hinter einem »dünnen Schleier« schön zusammen, »Lichtarmut« taucht die Bühne in ein tiefes Dunkel.

Hundings Tisch

Aber Hartmann hat noch anderes zu sagen und macht auf eine Differenz aufmerksam. In der ersten Szene hält er den »Tisch in der Hütte Hundings« für falsch platziert, in der Inszenierung Wagners stehe dieser statt in der Mitte auf der linken

Seite. Was Hartmann hier sieht, erscheint ihm als »Umstellung der Erscheinungsformen«. Hartmann selbst hatte seine erste *Walküre* 1924 inszeniert, und es entsprach einer Gepflogenheit der Zeit, die Position des Tisches so vorzunehmen, wie Hartmann sie für werktreu hält: der Tisch in der Mitte. Legt man aber Richard Wagners Anweisung zum ersten Bild zu Grunde, der den Tisch links haben will, so irrt Hartmann.

Eine Parenthese ist ein eingeschobener Satzteil, der den Anschein erweckt, als wäre er nachträglich hinzugefügt. Nicht selten steht aber gerade hier etwas Wichtiges, zumal die verwendeten Spiegelstriche dafür sorgen, dass auffällt, was zwischen die Satzteile getreten ist. Hartmann verwendet eine solche Parenthese, und zwar gerade an der Stelle, die sich um das vermeintlich falsche Links des Tisches dreht. Er verweist auf einen Regisseur, der den Tisch ebenfalls linksseitig platziert hat, und dies in einer berühmt gewordenen revolutionären Sicht auf die *Walküre* am Baseler Theater 1925. Diese Produktion ist Mythos. Bis heute gilt sie als räumliche Schule der Theatermoderne und stammt von Adolphe Appia. Es mutet kurios an, den großen Reformer auf die Positionierung eines Bühnenrequisits verkürzen zu wollen, das er zudem gleichsam werktreu einsetzt. Aber der Umstand, dass Appias Name hier überhaupt fällt, ist die eigentliche Überraschung.

Was hat die Reichstheaterkammer mit Appia zu schaffen? Auch Hartmann scheint nicht genau zu wissen, wie seine Auftraggeber den großen Erneuerer tatsächlich einschätzen, weshalb er – gewissermaßen – parenthetisch zögert. Aber er verbindet doch das eine mit dem anderen und lässt Wagner so, ganz behutsam, theoretisch an die Theatermoderne anknüpfen. Wie mit Hitlers Roller-Rezeption verhält es sich auch hier: Eine moderne Opernästhetik hat nicht trotz der Nazis mit Neubayreuth nach dem Krieg eingesetzt, sondern sie beginnt sich mit dem Krieg erst richtig zu entfalten. Die Nazis forcieren Wagners reduzierenden Stil.

Mensch Wotan

Weiterhin kritisiert Hartmann auch, dass die Bühne nicht wie gewohnt zwischen den Spielorten ausdifferenziert, vielmehr zu sehr vereinheitlicht wirkt. Und er moniert die Ausstattung. So etwa Brünnhilde, die ohne Rüstung auftritt und sich fraulicher als gewohnt zeigt. Auch bemängelt er Wotans »Maske«, der Gott zeige sich mit einer »gebogenen, geradezu rassefremden Nase«. Wotan antisemitisch zu deuten, wird Wagners Absicht kaum gewesen sein, viel eher wird er auf die Wagnernase des Komponisten der Oper angespielt haben, mit dem der Regisseur den Gott zu identifizieren sucht. Dann kritisiert Hartmann auch Wotans Kostüm: Er und seine Töchter, die Walküren, seien »nach Art der Menschen« eingekleidet. Wie diese »Verbürgerlichung der Götter« aber zustande kommt, deutet er nicht weiter.

Die Weise, wie Wagner aus Göttern Menschen macht, erweckt heute den Eindruck, als stünde man dem Versuch eines frühen Regietheaters gegenüber: Wagner aktualisiert Wotan. Wenn Wotan zum Menschen wird, ist der Führer dann unser Gott?

Berliner Villa

Winifred Wagner macht sich im November wieder auf die Suche nach Möbeln, jetzt für eine »Gartenvilla mit fünf Bädern«,[44] die Bodo Lafferentz für sich und seine Verlobte Verena Wagner in Berlin angemietet hat, die Adresse: Hubertusbader Str. 30 in Grunewald. Das Haus liegt nahe zur Ecke Hagen- und Richard-Strauss-Straße, wo Heinrich Himmler wohnt. Man versteht sich, der Nachbar lädt das Paar ein, den

Privatbunker bei Gefahr mit zu nutzen.[45] Winifred Wagner findet derweil kein ansprechendes Mobiliar. Die Vermieterin hat einiges an barocker Einrichtung im Haus gelassen, was diese nicht begeistert: »Bodos Schlafzimmer grün-gold.« Aber sie fügt sich und will versuchen, »alte Schloßmöbel oder unpolierte Stilmöbel« aufzutreiben.[46]

Nelken

Am 6. Dezember wird Wagner zum zweiten Mal Vater. Diesmal ist es ein Junge, Hitler schickt rote Nelken.[47] Der Mutter bringt die Geburt des gesunden Kindes aber nicht nur Glück. Was Gertrud Wagner schildert, erinnert an einen Psychothriller. Mit zweifelhaften medizinischen Maßnahmen für die Wöchnerin, die nicht stillen kann, mit einer experimentellen Diät, welche die Patientin schwächt, und mit einer allzu aktiven Schwiegermutter, die das Neugeborene »mit rohen Säften traktierte«.[48] Gertrud Wagner wehrt sich und ernährt das Kind fortan nach ihrer Façon. Nicht nur das reizt die Schwiegermutter, der auch widerstrebt, dass Gertrud Wagner künstlerische Ambitionen verfolgt. Wenn auch Winifred Wagner als junge Großmutter des Clans selbstbewusst weibliche Macht auslebt, für eine emanzipierte Frau wird man sie nicht halten können, weder fördert sie die eigenen Töchter noch die angeheirateten. Das männliche Baby jedoch erregt ihr Interesse, um das sie sich kümmert, als sei es ihr eigenes.

alles ging gut

Der neugeborene Sohn fällt, wie vorverabredet, in die Kategorie germanische Namen. In diesem Fall bekommt der Junge zwei. Wolf und Siegfried bilden dabei keine Standardverbindung wie Hans-Peter oder Franz-Josef, man kombiniert frei und programmiert somit doppelt, was man erwartet. Siegfried geht auf den Stammvater zurück, der seinen Sohn nach dem Helden im Nibelungendrama benannte. Den Erstnamen herzuleiten, gelingt weniger schnell. Wolf, so heißt es, wählen die Eltern mit Bezug auf den »Onkel«.[49] Aber welcher ist es?

Wie alle vier Kinder hat auch der leibliche Onkel einen Spitznamen. Verena hört auf »Nickel«, Friedelind auf »Maus«, Vater Wieland auf »Huschele« und Wolfgang auf »Wolfi«.[50] Damit ist diese Herleitung kaum wahrscheinlich, wie Winifred Wagner bestätigt. Für sie ist der Stammhalter nämlich der »kleine Wolf«,[51] was ihn vom großen unterscheidet. Und nicht nur sie weiß, was Sache ist. Gertrud Strobel hält am Tag nach der Geburt fest, dass ihr Mann den Eltern gratuliert, der wiederum zuhause berichtet: »Der Kleine wiegt 8 Pfd., heißt Wolf Siegfried (Wolf = Adolf!), alles ging gut.«[52]

heiliges Tier

Der Name bedeutet aber noch mehr. So ist der Wolf ein heiliges Tier, das in der Nibelungengeschichte Gott Wotan begleitet. Der Namenspatron, der ein Wolfsnarr ist, wird das wissen. Schließlich nennt er sein Führerhauptquartier Wolfsschanze[53] und umgibt sich selbst am liebsten mit Schäferhunden, die, statistisch gesehen, meist auf den Namen Wolf hören.[54] Und der Mensch verbindet sich mit dem Tier auch auf andere Weise, worauf Wagner mit seinem Siegmundskostüm anspielt. Hitler benennt im Juli 1942 sein geheimes Quartier in der Ukraine »Werwolf«.[55] Heinrich Himmler nimmt die Bezeichnung später auf, wenn er kurz vor der Kapitulation die noch verbliebenen Männer im Volkssturm als lebende Waffen in Werwolfgruppen versammelt.[56]

Huschele

Großvater Richard und Vater Wieland versehen ihre Erstgeborenen mit Namen, die aggressive Männlichkeit verheißen. Im Falle von Siegfried Wagner hatte das nicht funktioniert, aus ihm war kein Kämpfer, sondern ein nationalsozialistischer Künstlertyp erwachsen. So reicht er dann auch das Eigene an den Sohn weiter, indem er ihn Wieland nennt. Zwar ist auch Wieland, der Waffenschmied, ein germanischer Held, Künstlerschaft aber bereichert das Heldentum um eine entscheidende Note. Wagner mit seinem Werdegang eifert dem nach, und das erfolgreich.

Die anderen betrachten das zuweilen despektierlich und witzeln über dessen weichen Charakter, wie der familiäre Spitzname zeigt. Eine »Huschel« ist laut Duden eine unordentliche Frau und steht als Kosename für jemand Kleines und Schüchternes.[57] Eine »Husche« gilt auch als kurzer Regen- oder Schneeschauer, das Verb »huschen« verstehen wir als: sich-lautlos-und-schnell-über-etwas-hin-bewegen.

ob es Ihnen gefällt?

Die Altenburger Theaterschneiderin Gertrud Woolnough schreibt am 18. November[58] an Wagner und präsentiert ihm, wie sie dessen Kostümentwürfe für die Rheintöchter und Brünnhilde umzusetzen gedenkt: »Ob es Ihnen gefällt?« Noch bemüht man sich, alles selbst herzustellen. Ausführen aber wird Woolnough die Kostüme schließlich nicht mehr können, es sind keine Stoffe zu bekommen. Schon seit Mitte November bemüht sich Intendant Lüsenhop auch schon um alternative Lösungen, handelt sich aber nur Absagen ein. So werden in Weimar passende Kostüme für andere Produktionen genutzt, wie die dortige Intendanz schreibt. Leipzig spielt gerade selbst eine *Götterdämmerung*, und die Verleihfirma Zeugner & Riedel in Halle hat die Arbeit komplett eingestellt. Julius Stepanek von der Chemnitzer Firma »Theater- und Maskenkostüme: Verleihung, Verkauf, Fabrikation« antwortet am 6. Dezember ebenfalls abschlägig.[59] Auch andere Ateliers liefern nicht, sie sind ausgebombt.

Klavierauszug

Von solchen Problemen lässt ein anderes Dokument zur Altenburger *Götterdämmerung* nichts erahnen. Es hat nicht nur als Ganzes den Krieg in der Theaterbibliothek überdauert. Auch im Inneren finden sich noch heute spannende Informationen zu dem, was Wagner macht: Es ist ein Klavierauszug. Ein solcher Notenband reduziert eine Oper auf die Vokalstimmen und den zusammengedrängten Orchestersatz. Am Theater verwendet man ihn auch, um eine Oper szenisch einzustudieren. Der vorliegende Band verfügt über einen schwarz-rot beschriebenen weißen Signaturzettel neueren Datums.[60] Gedruckt im Jahr 1900 bei Schott in Mainz trägt er den Stempel »Herzogliches Hoftheater zu Altenburg«. Er weist etliche Gebrauchsspuren auf, es finden sich viele handschriftliche Eintragungen mit blauem und rotem Farbstift sowie mit Bleistift. Letztere sind, wie noch rudimentär zu sehen, oft ausradiert, viele aber sind auch erhalten. So finden sich zu einigen Szenen Eigennamen notiert, die sich zuordnen lassen: so etwa Kilian Danner und Willy Buhlmann, die als Siegfried und Alberich im Dezember besetzt sind.[61] Der Altenburger Klavierauszug ist im Umkreis längst vergangener Opernaufführungen anzusiedeln und enthält Überreste zum Regiekonzept der *Götterdämmerung* von Wagner.

Premiere sieben

Wagners erste *Götterdämmerung* fällt auf den »19. Dezember 1943«.[62] Die Tage kurz und grau, der Krieg tobt, Weihnachten wird daran nichts ändern. Eine untergehende Welt zu zeigen, empfindet man prinzipiell als angemessen, aber es ist eine zunehmend anachronistische Angelegenheit, diese ästhetisch schön erscheinen zu lassen. So vermisst man auf dem Theaterzettel tatsächlich eine Person, die für die Kostüme verantwortlich zeichnet. Wie auch immer man das Problem gelöst haben mag, Wagner musste aus Stoffmangel darauf verzichten, eigene Kostüme zu verwenden.

Das Material Mensch ist noch willfähriger. Sängerstars aus Wien und München reisen für den Premierentag an, ergänzen das Altenburger Ensemble. Der Premierenkritiker, Friedrich Preuß, feiert sie in der *Altenburger Zeitung* vom 20. Dezember enthusiastisch. Auch die Inszenierung lobt er, moniert aber, dass Wagner den Regieanweisungen des »Meisters« nicht immer nachkommt. Die Nornen bewegen sich falsch, ihr Seil reißt nicht, ein einzelner Baum macht noch keinen Wald, ein gleiches Felsenversatzstück erscheint in verschiedenen Bildern, und so weiter. Die Liste des Kritikers gerät nicht gerade kurz.

Kraft durch Freude heiraten

Wieder steht eine Hochzeit an, es ist der 25. Dezember. Ob Verena ihren Bodo liebt, weiß man nicht. Ein guter Deal aber ist die Ehe dennoch erneut für beide Seiten. Lafferentz, der mächtige Spitzenfunktionär, kann wie einst Chamberlain in eine Familie einheiraten, der quasi Adelsstatus zukommt, und die Wagners werden konstant mit demjenigen verbunden bleiben, der staatlicherseits die Festspiele betreut und für das viele Geld sorgt. Der Bräutigam ist so etwas wie Robert Leys umtriebiger Joker, den neben der Oper vor allem Autos und

Waffen interessieren. Er übernimmt schon 1938 zusammen mit Ferdinand Porsche und dem Mercedes-Chef Jakob Werlin den Posten eines Hauptgeschäftsführers des neuen staatlichen Autowerks. Hierfür wird man eine eigene Stadt bauen,[63] und als Architekt der Konzerngebäude dort, dem späteren Wolfsburg, wird Emil Mewes beauftragt, der auch das Bayreuther Festspielterrain nationalsozialistisch umbauen soll. Seit 1942 beteiligt sich Lafferentz daran, Waffen wie die »V 1« zu entwickeln,[64] und ist seit diesem Jahr zudem für das Rasse- und Siedlungshauptamt tätig.[65]

Seltsam spät stößt man bei den Trauungsvorbereitungen Anfang Dezember auf ein Problem: Wie einst Chamberlain ist auch Lafferentz noch mit einer anderen Frau verheiratet. Wie damals handelt man auch jetzt schnell. Am 14. Dezember erklären die Behörden das alte Paar für geschieden,[66] sodass am zweiten Weihnachtstag in Wahnfried geheiratet werden kann. Als Trauzeugen fungieren die Brüder der Braut. Die Rassereinheit bestätigen andere, reguläre Belege waren dem Paar erlassen worden, was angesichts der Namen, die in Abwesenheit bürgen, nicht überrascht: Adolf Hitler und Heinrich Himmler.

1944, Apokalypse

Geheimwaffe

Am 17. Januar treffen sich die Frischvermählten in Berlin mit Goebbels.[1] Man unterhält sich über die aktuelle Kriegspolitik. In der Bevölkerung macht schon länger das Gerücht von einer »Geheimwaffe« die Runde, mit der man den Feind besiegen könne. Lafferentz berichtet dem Propagandaminister davon, »welche großen Hoffnungen das deutsche Volk auf unsere Vergeltung setzt«. Goebbels zeigt sich zufrieden und hofft, dass sich die Wünsche der Menschen »wenigstens zu einem großen Teil bewahrheiten«.

Herr Kunstbetrachter

Auch nach Wochen ärgert es Wagner noch, was er in der *Altenburger Zeitung* zu seiner *Götterdämmerung* lesen musste. Am 25. Januar, und somit 6 Tage vor der nächsten Premiere in Altenburg, verfasst er einen Brief an die Schriftleitung.[2] Zunächst will er wissen, warum man die Person, die *Walküre* und *Freischütz* rezensiert hatte, mit einer anderen ausgetauscht hat. Wie er diese Person dann in seinem Brief bezeichnet, hat mit Folgendem zu tun: Was vor 1933 eine Theaterkritik ist, funktionieren die Nazis zur Kunstbetrachtung um, mit der die Presse dem nachkommt, was der Staat vorschreibt. Wagner geht den »Herrn Kunstbetrachter« nun scharf an, der seine *Götterdämmerung* eben nicht nur einfach betrachtet, sondern sie kritisiert hat. Wohlwollende Erfassung von Staatskunst habe anders auszusehen.

Friedrich Preuß

Wagner rügt die Zeitung auch, weil er den »Ruf Altenburgs als traditioneller Pflegestätte der Wagnerschen Kunst« gefährdet sieht. Er bemängelt die falsche »geistige Haltung« des Journalisten, der den essentiellen Bezug von Staat und Kunst marginalisiere. Wagner bezichtigt Friedrich Preuß, die in seiner Inszenierung »erstmals zur Debatte gestellten neuen Lösungen« zu übergehen. Dass der Kunstbetrachter falsche Jahreszahlen zum *Ring* kommuniziert, ist ihm nebensächlich. Problematisch aber ist, dass Preuß sein Theater nicht verstehen will, indem er auf den »reichhaltigen Szenenangaben des Meisters« beharre. Wagner setzt die hiermit angesprochene »Werktreue« gerade nicht gleich mit dem, wie er schreibt, »bedenkenlosen Nachbeten der sog. Wagnertradition«.

Möglicherweise zweifelt Wagner aber auch ein wenig, ob all das, was er inszeniert hat, klar genug ausgearbeitet ist. Vielleicht sollte er noch deutlicher werden, sodass auch ein Mensch wie Preuß versteht, worum es geht. Ungewollt wird der Rezensent so zu einer der Helferfiguren Wagners.

Scherzo

Die *Altenburger Zeitung* reagiert schnell. Unmittelbar vor der nächsten Premiere erscheint ein Artikel,[3] der den »Sinn von Wagners Ring« thematisiert. Es gehe dort um »freie Heldenkraft« und »feige Heimtücke« und somit um den Gegensatz von Herrenmenschen und Juden. *Siegfried* besetze ein Idyll in diesem Spiel und widme sich der Erfassung »deutschen Naturempfindens«. Wie ein Scherzo entspreche die Oper dem heiteren Satz in einer Sinfonie oder dem Satyrspiel, das der Tragödie vorausgehe. Der Text ist namentlich kenntlich gemacht, wenn auch nur mit dem Kürzel »-n«. Der weist Wagner als den »Neuschöpfer« aus, der auf die »in der Tradition erstarrten Inszenierungen des Bayreuther Meisters« selbst meisterhaft reagiere. Was Friedrich Preuß entgeht, macht »-n« nun klar: Wagners Arbeit ist zeitaktuell stimmig.

Premiere acht

Am 1. Februar erscheint in der *Altenburger Zeitung* eine Aufführungsbesprechung. Arthur Schmolitzky titelt »Festaufführung am 30. Januar«. Es ist der elfte Jahrestag der »Machtübernahme durch Adolf Hitler«, an dem die Premiere über die Bühne geht. Schmolitzky ist bemüht, alles im richtigen Licht zu zeichnen: Er preist Wagners Deutschtum, sein Talent, sein Können, seine Berufung und seine Originalität. Als unangemessen klassifiziert er hingegen Zeitungsberichte, die zwischen »›alt‹ und ›neu‹ eine Rechnung mit plus und minus« aufmachen.

Dann widmet sich Schmolitzky beispielhaft der »feinsinnigen Regiekunst« Wagners. Mime gehört den Nibelungen an. Es ist dessen Bruder Alberich, der den Rheintöchtern das Gold abluchst, womit das als natürlich erachtete Machtgefüge auseinanderzubrechen beginnt. Mime ist zugleich Siegfrieds Ziehvater. Die beiden könnten unterschiedlicher nicht sein: der eine schmächtig, der andere heroisch, der eine androgyn, der andere viril, der eine winselnd, der andere kräftig singend. In Altenburg gibt Paulus Kuen den Mime, dem Wagner das »oft übliche Mittleiderregend-Erbärmliche« nimmt, ihn aber mit »Besessenheit« ausstattet. So entstehe, liest man, eine »symbolstarke Verkörperung all der Gemeinheit, die überall den Edlen umlauert«. Schmolitzky deutet Wagners Sicht auf Mime antisemitisch. Von einem Protest des Regisseurs dagegen ist nichts bekannt.

Jung-Siegfried, Tristan

Oper zu machen, wird derweil nicht einfacher. Vom kriegswichtigen Altenburg aus ergehen Bittbriefe, um Soldaten freizustellen. Die Intendanz ersucht am 5. Februar,[4] Bariton Kurt Rehm zu beurlauben. Der gediente Soldat könne wegen seiner Verfassung ohnehin nicht mehr an die Front, man listet die Schäden des Körpers auf: »Brust- und Armsteckschuß mit nachfolgender Malaria«, eine Kugel ist noch nicht herausoperiert. Etwas anders liegt der Fall des Tenors Fritz Worff, dessen blendendes Äußere ihn auch darstellerisch als Mann der Stunde ausweist. Für ihn beantragt man am 28. Februar vollständige »U. K.-Stellung«[5] und unterfüttert dies mit einem Gutachten, für das Worff vorgesungen hat. Es macht deutlich, was man von einem Helden wie »Jung-Siegfried, Tristan usw.« erwartet: einen »baritonal gefärbten« Tenor mit »heldischem Timbre«, »geistige Erfassung« im »Bayreuther Sinne«, die Erscheinung »groß und schlank«. Man könnte Worff sofort engagieren, »wenn er nicht im Wehrverhältnis stünde«.

Premiere neun

Und schon geht die nächste Kriegspremiere über die Bühne. Es ist Wagners zweite *Götterdämmerung*, zu der Gertrud Strobel am 23. März nach Nürnberg reist und unmittelbar nach der Aufführung berichtet. Alfons Dressel wirft sie vor, »völlig betrunken« zu dirigieren, während sie Wagners Bühnenbilder »wundervoll« findet. Für das spektakuläre Finale der Oper hält sie fest: »Vollendetes Gelingen des Schlußbildes.«

Adolf Hitler

Man glaubt es kaum, aber sie merkt noch etwas an, was sie unten auf der Seite nachträglich ergänzt. Aphoristisch verdichtet heißt es dort: »Nornenszene mit eigenem Bühnenbild (Erdoberfläche mit großem Himmel).« Wagner arbeitet hier offensichtlich schon mit einer Symbolik, die er viel später wieder aufgreifen wird. Erdoberfläche und Himmel trennen räumlich die Bühne, als wollten sie seine späterhin berühmt gewordene Scheibe vorwegnehmen, die dann Wagners Markenzeichen in Neubayreuth werden wird. Was Strobel dem noch hinzufügt, nimmt einem den Atem. Hinter ihre knappe Zusammenfassung des neuen Bildes schreibt sie: »Idee des Führers!«

Glückwunsch

Einen Tag später, am 24. März, dankt Intendant Hanke seinem Regisseur und Ausstatter brieflich.[6] Nun sei eine Aufführung »endlich einmal« ohne »schweren Angriff« von außen über die Bühne gegangen. Dafür war es innen im Theater, wenn auch vorhersehbar, ordentlich zur Sache gegangen. Etliche Stunden Krieg der Götter, vom Prolog der Nornen über die Mannenszenen, dem Mord an Siegfried bis zum Untergang. Der echte Krieg stumm, die Welt verharrt in respektvoller Stille. Das lasse für die jetzt noch anstehende letzte Oper, so Hanke, hoffen. Im Übrigen habe Nürnberg eine bessere *Götterdämmerung* nie erlebt, womit er Drewes' besoffenes Dirigat übergeht. Hanke bittet Wagner dann noch, der Firma Bornemann bald die Skizzen zum *Rheingold* zukommen zu lassen. So könnten die Dekorationen schon im Juni in Nürnberg eintreffen, eine Aufführung »des ganzen Rings« wäre dann in der Zeit vom »10. und 15. August« möglich.

Erdoberfläche und großer Himmel

Die Presseresonanz auf diese *Götterdämmerung* ist groß, an keinem der vorliegenden Artikel aber lässt sich erkennen oder nachvollziehen, was Strobel geschrieben hat. Auch zeigt sich nirgendwo, ob und wie Wagner seine Einheitsbühnenbildidee umgesetzt hat und wie sich die zu dem neuen Bild verhält. Man würdigt wie gewohnt den modernen Wagner. So schreibt Eva-Maria Schneider im *Fränkischen Kurier* vom 26. März davon, wie sich Wagner gegen den »Naturalismus« stellt, und lobt dessen »szenische Vereinfachung«. Am 27. März hält Otto Burg im *Kurier* fest, dass Wagner sich mit seinen Bühnenbildern »vom Bayreuther Stil« entfernt habe. Karl Leber im *8 Uhr-Blatt* vom 24. März begeistert das der Musik hinzugefügte »Begleitspiel starker Lichtkontraste«, die mit »strahlender Helle und mystischem Dunkel« zusammenwirke.

An anderer Stelle aber bestätigt sich doch, was Strobel festgehalten hat. Im Altenburger Klavierauszug sind die Bilder der Oper mit in Bleistift eingetragenen römischen Ziffern eigens gelistet. Ein »VI. Bild«[7] kommt hier zu den fünfen hinzu, welche die Partitur vorsieht, und es ist das von Strobel erwähnte »Schlussbild«. Um die, wie sie schreibt, »Nornenszene« aus dem Prolog kann es sich somit nicht handeln. Zwar wird das Bild hier nicht weiter beschrieben, aber es ist festgehalten, dass bei geschlossenem Vorhang umgebaut werden soll.[8] Der Regisseur weicht also auch hier von der gedruckten Vorgabe des Klavierauszugs ab. Zu Siegfrieds Trauermarsch senkt sich der Vorhang, die Erdoberfläche mit großem Himmel wird installiert, dann öffnet sich der Vorhang wieder, und es beginnt die Schlussszene mit Brünnhildens Abgesang auf das untergehende Walhall. Wagners Raumbühne, die auf Hitler zurückgeht, stattet das Finale aus und das, was auf den Untergang folgt.

immer wieder Tannhäuser

Wagner arbeitet derweil an einer Reihe anderer Projekte und schreibt am 26. März einen Brief an das Altenburger Theater. Bald steht nun der *Tannhäuser* an. Hierfür schickt er eine Aufstellung aller Kostüme, die er benötigt. Außer Haupt- und Nebenrollenkostümen verlangt Wagner mehrere Kostümsätze für den Chor.

Freistellung

»Wieland Wagner ruft an«, vermerkt Getrud Strobel: »Worff ist U.K. gestellt worden!« Eine Nachricht, die bei Wagner »Große Freude!!« hervorruft. Warum die Freistellung des schönen Soldaten, der nun singen darf, den ansonsten eher zurückhaltenden Mann so intensiv reagieren lässt, bleibt Wagners Geheimnis.

Bruchstückwerk

Lüsenhop macht die *Tannhäuser*-Kostüme zur Chefsache. Er drängt schriftlich am 31. März die Berliner Firma »Theaterkunst G.m.b.H.«, bei der man Kostüme für den Mitte Mai vorgesehenen *Tannhäuser* bestellt hatte, endlich zu agieren.[9] Wenige Tage später, am 3. April, gerät der Intendant selbst unter Druck, sein Oberbürgermeister kritisiert ihn harsch.[10] Er befindet, dass *Tannhäuser* schon längst hätte herauskommen müssen, die Schlagzahl der Wagnerpremieren sei ohnehin zu gering. Außerdem erwarte er angesichts der Sondermittel, an denen sich auch die Stadt beteiligt, zyklische *Ring*-Aufführungen, am besten gleich zwei. Es schade dem Ansehen von Stadt und Theater, »wenn es bei der bruchstückhaften Aufführung des Ringes« bleibe.

Winifred Wagner kommt nicht nach Altenburg

Während der *Tannhäuser* stockt, beschäftigen Wagner andere Projekte am Altenburger Theater. Eines davon ist die den *Ring* abschließende *Rheingold*-Produktion. Am 23. April[11] notiert Gertrud Strobel, dass Mutter und Sohn streiten. Wagner ist der Auffassung, dass sie sich eine von ihm inszenierte *Ring*-Oper doch einmal anschauen könne. Die Mutter lehnt ab und begründet ihre Haltung ästhetisch. Winifred Wagner empfindet die »Experimente« ihres Sohnes als Zumutung. Sie, die »Vertreterin von Bayreuth«, fragt: »Was denkst du denn?« Zwar kann sie es nur vom Hörensagen wissen, was ihr nicht gefällt. Das allerdings genügt ihr: »Ich kann mir doch keine Verballhornung (!) des ›Rings‹ ansehen!«

Hütchen

Eines der Projekte in Altenburg, an dem Wagner arbeitet, ist für Bayreuth wichtig. Da die Stadt über kein festes Ensemble und Orchester verfügt, ist man auf Gastspiele angewiesen, die im Markgräflichen Opernhaus, einem architektonischen Juwel des 18. Jahrhunderts, stattfinden. Nun möchte man Siegfried Wagners *An allem ist Hütchen schuld* dort aufführen, eine Märchenoper, die der Sohn in Altenburg inszeniert. Aber es ist kostspielig, einen gesamten Theaterapparat nach Bayreuth zu verfrachten. Am 11. Mai wendet sich Bayreuths Oberbürgermeister brieflich an die Intendanz in Altenburg, um zu verhandeln.[12] Mehr als 15 000 Reichsmark könne man nicht aufbringen.

Radiergummi

Eine im Theater wichtige Person ist der Disponent, der den Spielplan organisiert und betreut. Im Staatsarchiv Altenburg findet sich ein Kalendarium, aus dem hervorgeht, wie der dortige Disponent seine Aufgabe löst. In drei Spalten verzeichnet er mit Bleistift, wie und wann man probt und spielt,[13] in die erste trägt er das Datum ein, in die beiden anderen die Abendaufführung und Proben. Die alltägliche Logik des Theaters ist einfach. Man probiert und probiert, dann kommt es zur Generalprobe und schließlich zur Premiere, der weitere Aufführungen folgen. Ist all das erledigt, geht es von vorne los. Der Disponent greift zum Radiergummi und tilgt, was er einst feinsäuberlich niedergeschrieben hat, dann hält er erneut fest, was demnächst ansteht. Unser Disponent aber radiert im Sommer 1944 nicht, und so bleibt stehen, was er für Februar bis Juni 1944 festgehalten hat.

Warum er nicht radiert, wird sich zeigen. In jedem Fall aber ist hier ein höchst produktiver Moment in Wagners früher Karriere nachvollziehbar. Zwei Opernprojekte tauchen auf, zu denen *Tannhäuser* nicht gehört, aber das *Hütchen* und das letzte Glied im *Ring*. Für den 14. Mai trägt der Disponent für »19 Uhr« »Rheingold« ein und fügt hinzu: »P« für Premiere. Blickt man von hier aus zurück, so wird deutlich, wie lange Wagner an der Oper gearbeitet hat. Der Disponent verzeichnet im Zeitraum von einer knappen Woche vier ganztägige Proben.

Generalprobe

Dieses Mal reist Gertrud Strobel zur Altenburger Premiere an. Sie besucht schon am Vortag das Theater und schaut zu, was Wagner hier tut. An diesem 13. Mai probiert er am Morgen noch vom Klavier aus, und Strobel hält fest: Er »spielt vor«. Wagner setzt also darauf, dass das Sängerpersonal nachahmt, was er selbst mit den Charakteren verbindet, er tatsächlich nicht nur Gänge organisiert, sondern an den Figuren arbeitet. Dann beginnt um 11 Uhr auch schon die Generalprobe, allerdings ohne die eigens engagierten Musiker aus Dresden, die im Orchester aushelfen müssen, sie sind noch nicht vor Ort. Strobel: »Vieles klappt nicht.«

Premiere zehn

Die Ressourcen werden jetzt auch an ganz anderer Stelle knapp. In Altenburg druckt man die Theaterzettel nun nicht mehr, sondern tippt sie auf dünnes Papier. Das ist ebenso brüchig, wie der Theaterzettel zum *Rheingold*[14] die Sache verkürzt. Er verzeichnet weder ein Datum, noch hält er fest, dass es sich um eine Neuinszenierung handelt. Nur der Hinweis »Spielzeit 43/44« ordnet Wagners Arbeit grob ein. Schmolitzky bestätigt mit seiner Besprechung am 15. Mai in der *Altenburger Zeitung*, wie großartig und ideologisch konform Wagner wiederum alles hinbekomme. Die ihm zugeschriebene »im Geiste gegründete, Geist weckende Kraft« entlarvt, wie inhaltsleer der Pressetext ist.

Reichsbahnamtmann

Am Tag nach der *Rheingold*-Premiere geht es weiter. Um »9 ½« Uhr beginnt Wagner das *Hütchen* zu probieren.[15] Bevor die Produktion zuhause in Altenburg gezeigt wird, geht sie schon einmal auf Reisen. Die Premiere außerhalb erfordert es, dass man alles noch besser organisiert. Am 18. Mai versendet das Büro der Intendanz einen Brief an die Reichsbahn, die den Transport übernimmt.[16] Der Adressat ist »Reichsbahnamtmann Ruthke«, der hier erfährt, warum man einen ganzen Theaterbetrieb vom kriegswichtigen Altenburg nach Bayreuth zu kutschieren hat. Er findet die üblichen Erklärungen vor. All das ergeht »auf besonderen Wunsch des Führers« und »auf Wunsch des Hauses ›Wahnfried‹«. Es gilt, den Erben Bayreuths zu fördern, und das zu »Ehren des 75. Geburtstages Siegfried Wagners«. Was er davon versteht, weiß man nicht, Ruthke dürfte freilich alarmiert sein, alle Wünsche zu erfüllen. Zwar ist vorgesehen, reguläre Zugverbindungen zu nutzen, es müssen aber Sonderwagen eingesetzt werden, um die Menschen, »8 große Reisekörbe mit Kostümen«, »2 Reisekörbe mit Requisiten« und weitere Kisten mit Instrumenten zu transportieren. Nach Bayreuth und retour.

Lagerisierung

Was im Land sonst noch geschieht, kann man sich kaum vorstellen. Vielleicht weiß man es aber auch einfach nicht, obschon es immer sichtbarer wird. Deutschland wird nun zunehmend von dem überflutet, was den Terror räumlich konzentriert. Massenmord, Folter und Ausbeutung erhalten mehr und mehr hierfür abgetrennte Räume, und das tausendfach. Heute spricht man von der »Lagerisierung des gesamten Lebens« im nationalsozialistischen Deutschland.[17] Das Wort »Lagerisierung« versucht, die todverheißende Politik jenseits des Krieges mit ihrer netzartig verbreiteten Vernichtung und Zwangsarbeit mit Haupt- und Nebenlagern im gesamten Herrschaftsbereich der Nazis auf den Punkt zu bringen. Menschen ermorden in diesen Lagern millionenfach Juden, Sinti und Roma, politische Gefangene und Homosexuelle. Und sie stellen sicher, dass die Rüstungs- und anderen Industrien weiter funktionieren. Nur so ist ihr Krieg noch möglich. Wie die anderen großen Lager etabliert auch das Konzentrationslager im oberpfälzischen Flossenbürg ein eigenes, schnell wachsendes Netz von Außenlagern, das im späten Frühjahr um ein weiteres ergänzt wird.

Unter dem Datum des 26. Mais ist die erste Erwähnung des Bayreuther »Instituts für physikalische Forschung« aktenkundig.[18] An diesem Tag beantragt man von Berlin aus, umfassende bauliche Maßnahmen in Bayreuth zu genehmigen, die einen Industriekomplex in ein Lager verwandeln sollen. Es geht darum, Arbeitsräume, Toiletten- und Waschanlagen einzurichten sowie eine Holzbaracke »für die Unterbringung von SS- Wachmannschaften«[19] zu bauen. Das Bayreuther Außenlager von Flossenbürg steht vor seiner Gründung.

Landung

Am 6. Juni soll in Bayreuth wieder einmal ein großer Geburtstag gefeiert werden. Aber es kommt etwas dazwischen, das zwar nicht überrascht, aber doch schockiert. Bevor in Bayreuth die Sonne aufgeht und bevor die Menschen schon auf den Beinen sind, um 5 Uhr früh, entwickelt sich der Krieg in einer Weise, die aus deutscher Perspektive verheerend ist. Was geschehen ist, versucht Oberbürgermeister Fritz Kempfler bei den dennoch stattfindenden Feierlichkeiten zum Fünfundsiebzigsten von Siegfried Wagner zu relativieren. Er verheißt, dass man die feindlichen »Streitkräfte ins Meer zurückzuwerfen« gedenkt.[20]

Fakt ist: Am Tag der *Hütchen*-Premiere landen an der französischen Küste die Alliierten in Form von 150 000 britischen, kanadischen und amerikanischen Soldaten, Kriegsschiffen, Fliegern, Fallschirmen und Bombern, die unverzüglich das Feuer auf die deutschen Truppen eröffnen.

Premiere elf

Man lässt sich davon nicht beirren und spielt die »Festaufführung«, für die man einen doppelseitigen Programmzettel drucken lässt: »Der Oberbürgermeister der Gauhauptstadt Bayreuth« bittet zu Aufführungen in der Zeit vom 6. bis 9. Juni.[21] Wagner zeichnet verantwortlich für »Regie, Bühnenbild und Trachten«, darunter sind die Namen der Sänger:innen zu finden, die Rolle des Frieders singt Fritz Worff, der jetzt seine erste Hauptrolle übernimmt. Und in der Rubrik »Choreographie« ist diesmal tatsächlich der Name Gertrud Wagners gelistet. Man inszeniert naturalistisch, zur götterlosen Märchenoper passt Wagners Stil am besten, der nicht entrümpelt, sondern altdeutsch zuspitzt. Während in der Normandie gekämpft wird, präsentiert Bayreuth eine gemütliche Kompilation Grimmscher Märchen, für die Wagner den modernen Regisseur kurzzeitig ablegt.

sehende Bombe

Am 13. Juni treffen in Bayreuth 38 Häftlinge ein, die man in dem dortigen Außenlager interniert. Sie kommen aus den Konzentrationslagern Neuengamme und Flossenbürg.[22] Dem Bayreuther Lager steht Lafferentz vor, der zusammen mit Himmler schon seit den frühen 1940er Jahren Arbeitskräfte aus Konzentrationslagern für die Rüstungs- und Autoindustrie abzieht.[23] Das Außenlager dient der Waffenentwicklung, die handverlesenen Häftlinge sind gut qualifiziert und arbeiten als technische Zeichner. Man entwickelt ferngesteuerte Systeme mit Fernsehtechnologie: Die »sehende Bombe«[24] soll eigenständig weit Entferntes präzise attackieren und so den Kriegsverlauf drehen.

in die Oper

Wagner reist derweil nach Wien, um dort die Oper zu besuchen. Am 19. Juni steht *Rheingold* auf dem Programm und in Wagners Nachlass findet sich ein Theaterzettel zu dieser Aufführung.[25] Auf dem hat ein unbekannter Schreiber notiert: »Einfach furchtbar!« Damit ist wohl kaum Hans Knappertsbusch, der dirigiert, oder die erlesene Besetzung gemeint. Wahrscheinlicher ist, dass dieses »furchtbar« sich auf die Inszenierung bezieht. Sie steht schon lange auf dem Programm und das Ganze ist ein ästhetischer Mischmasch, dem ein verantwortlicher Regisseur abhandengekommen ist. Unter »Spielleitung« wird Erich von Wymetal genannt, dem man hier etwas zuschreibt, das nicht von ihm ist. Die Inszenierung geht zurück auf den jüdischen Regisseur Lothar Wallerstein, den man 1938, als Österreich nationalsozialistisch wurde, entlassen hatte. Seine Produktionen aber belässt man im Spielplan, zumal Wallerstein eng mit Alfred Roller zusammengearbeitet hatte. So erscheint dessen berühmter Name noch auf dem *Siegfried*-Theaterzettel vom 27. Juni[26] unter der Rubrik »Entwurf« für die Schauplätze. All das ist jetzt veraltet, der Wiener *Ring* nicht mehr auf der Höhe der Zeit.

Mittelloge

Am 20. Juni steht die *Walküre* auf dem Programm, die Wagner gemeinsam mit Richard Strauss anschaut.[27] Im Falle eines Fliegeralarms, so lesen sie auf dem Theaterzettel, solle man sich ruhig verhalten. Außerdem finden sie noch andere Kriegsinformationen vor. Besondere Ehrengäste platziert man auch in Wien dort, wo sich im Reich immer wieder eigens gebaute Führerlogen befinden: in der Mitte des Theaters. In Wien sitzen nun die Versehrten hier, die Helden ersetzen den Führer: »Vor Beginn der Vorstellung« ist das Publikum aufgefordert, »beim Erscheinen unserer verwundeten Frontsoldaten in der Mitteloge« sich »von den Plätzen zu erheben«.

V 1

Am 4. Juli bringt der *Kurier* auf seiner Titelseite Kriegsgeschichten. Zwei Artikel erörtern, wie man sich gegen den Feind wehrt. Der eine stellt ein Kanonengewehr vor, das Panzer abschießen kann. Der andere trägt den Titel »Das Unterhaus und V 1.« Hier wird behauptet, dass man in England ganz ausdrücklich nicht berichtet, wie erfolgreich deutsche Waffen derzeit agieren. Man habe dort größte Angst vor ihnen, was zeige, wie wirkungsvoll die »V 1« tatsächlich sei. Das »V« steht dabei für Vergeltung, die Nummer dahinter dafür, dass noch mehr zu erwarten ist. Die vordem vollmundige Propaganda verknappt sich in einem Kürzel, um den Menschen weiszumachen, dass der Krieg noch nicht verloren ist. Im technischen Fortschritt liegt die Verheißung der Stunde, das Wort von der Wunderwaffe verbreitet sich weiter.

Schleierstoff

Mitte Juli greifen die Amerikaner München an. Der Bombenhagel hat Tote, Verletzte, über 200 000 Obdachlose sowie die Zerstörung von Häusern und öffentlichen Gebäuden zur Folge, darunter die Universität, Kirchen, Krankenhäuser, der Tierpark sowie die Oper, auch Wagners Gartenhaus wird »durch Bomben zerstört.«[28] Während München und England bombardiert werden, beschließt man in Wien mit einer Aufführung der *Götterdämmerung* die Saison. Wagner widmet sich wieder dem *Tannhäuser*. Lüsenhop bittet ihn am 13. Juli um Mitteilung,[29] wie viel von dem von Wagner angefragten »Schleierstoff« er genau benötigt. Bezugsscheine von der Reichstheaterkammer könne er beschaffen, aber er müsse die Menge wissen.

Angebot

Die Strobels treffen Wagner am 15. Juli, der ihnen aus Wien berichtet. Dort plant man einen neuen *Ring*, das alte Flickwerk gehört ersetzt. Ganz einfach aber gestaltet sich die Besetzung der Schlüsselpositionen nicht. Wiens Gauleiter Baldur von Schirach hat Direktor Karl Böhm damit beauftragt, sich um die Dinge zu kümmern. Tietjen, den Böhm daraufhin für die Regie anfragt, winkt ab. Er ist nur bereit, mit Furtwängler zusammenarbeiten, der aber kommt als Konkurrent Böhms nicht in Frage. Böhm schlägt nun vor, was ohnehin irgendwie naheliegt, und Wagner ist bereit: »Beide einigten sich schnell. Im Januar soll die ›Walküre‹ sein.«

Man soll das Eisen schmieden, solange es heiß ist. Wagner plant also für Wien und will Altenburg nicht aufgeben, wie er Lüsenhop mitteilt.[30] Für den Januar 1945 sieht Böhm in Wien erste *Walküren*-Proben vor, die Premiere ist für den 1. Februar disponiert, dem solle im März oder April *Siegfried* folgen. Ergo müsse Lüsenhop ihn von November bis zum Frühjahr freistellen, danach habe er wieder Zeit für Altenburg: »da ich mich doch nicht gut von Altenburg für 4–5 Monate bezahlen lassen kann, ohne etwas für das Institut zu leisten.«

Kriegskaffee

Am 18. Juli geht es wieder los: Hitler hat auch für diesen Sommer wieder Kriegsfestspiele angeordnet und die ersehnten Friedensfestspiele erneut verschoben. Auf den Spielplan kommt, was schon im Jahr zuvor gespielt wurde. In zwei Serien mit wechselnden Besetzungen sollen die *Meistersinger* insgesamt zwölf Mal aufgeführt werden, wiederum vor auserwählten Arbeiter:innen und Soldaten. Im Rundfunk wird ein größerer Kreis der Deutschen verfolgen können, wie Furtwängler in diesem Jahr dirigiert.[31] Menschen am Radio aber entgehen Wagners Bühnenbilder, die das gewohnt positive Echo in der Presse finden. Das hoch aufragende falsche Nürnberg steht weiterhin dafür, dass man Oper für unverwundbar hält. Auch am 20. Juli spielt man diese *Meistersinger*, einem Tag, an dem Wagner nachmittags mit den Strobels zusammensitzt: »Gemütliche Kaffeetafel bis 7 Uhr mit lebhaften Diskussionen über Regiefragen, Film usw. – .«[32]

Attentat

Die Kaffeestunde ist zu Ende, die Gesellschaft löst sich aber nicht auf, man begibt sich zum Abendessen in den Bayerischen Hof. Hier schockiert ein Gerücht, das auch das Publikum in der zweiten Pause der *Meistersinger*-Aufführung am Hügel erreicht hat. Strobel kommentiert: »Furchtbarer Schreck!« Am frühen Morgen des nächsten Tages, am 21. Juli, bestätigt Hitler selbst, was den Menschen zu Ohren gekommen ist. Seine Stimme zu hören, soll zeigen, dass alles gut ist. Man hat ihn zu töten versucht, ein Anschlag, der im Vorfeld als »Unternehmen Walküre« getarnt worden ist. Hitlers Zeugungsoper also umgedeutet von Attentätern, die ihn vernichten wollen. Vier Tote. Einige Verletzte. Darunter auch Hitler.

Stardirigent

Den Sommer über berichtet der *Kurier* unermüdlich von neuen Waffen. Am 10. August macht die Zeitung mit einem Artikel »Die deutsche Vergeltungswaffe geht den Engländern auf die Nerven« auf, außerdem lobt man wieder die »Wirkung von V 1«. Waffengeschichten lassen die üblichen Festspielberichte randständig erscheinen, dort wiederholt sich, was man in den letzten Jahren schon oft gelesen hat: über Besucher:innen, die es verdient haben, nach Bayreuth zu kommen, über die sehr guten Aufführungen im Festspielhaus selbst, über politische Reden in der Ludwig-Siebert-Halle, und so weiter. Ansonsten zieht Furtwängler einige Aufmerksamkeit auf sich. Im Interview mit Paul Bülow gibt er sich unpolitisch, verzichtet auf jeglichen Jargon, erklärt aber weiter nicht, warum er es im Krieg für wichtig hält, die *Meistersinger* für Soldaten zu spielen. Er plädiert nur dafür, den *Ring* außerhalb des Festspielhauses nicht aufzuführen, so ein Werk lasse sich nicht alltäglich verstehen wie die Opern eines Mozarts oder Richard

Strauss'. Furtwängler kritisiert somit auch Wagner, der den *Ring* ja außerhalb von Bayreuth erarbeitet. Wien als nächster Halt auf Wagners Reise ist schon verabredet, dann soll Bayreuth folgen. In Wien wird Wagner mit Böhm zusammenarbeiten, während Furtwängler als aktueller Bayreuthdirigent schon mal seine Ansprüche anmeldet, den nächsten *Ring* hier zu dirigieren. Auch Furtwängler weiß: Unpolitisch ist bei den Nazis nichts, egal auf welcher Ebene.

Paradies der Erinnerung

In der Stadt Bayreuth wird man langsam missmutig. »Augen- und Ohrenzeugenberichte« in der Presse sollen nun zeigen, wie wichtig es ist, Festspiele im Krieg zu veranstalten. Der Artikel »Der deutsche Soldat erlebte Bayreuth« ist ein solcher Text, veröffentlicht im *Kurier* am 11. August. Der Unteroffizier »B. T. aus Regensburg« erkennt in Bayreuth eine Art deutschen Raumdreiklang mit den Rokokobauten der Markgräfin, mit dem Festspielhaus aus dem 19. Jahrhundert und schließlich mit den Bauten der Nationalsozialisten des 20. Jahrhunderts. Die verleihen der Stadt mit der Ludwig-Siebert-Halle und dem Haus der Erziehung jenes charakteristische »neuzeitliche Gepräge«. Ein anderer, der Obergefreite »H. B. aus Erlangen«, nimmt die Leser:innen mit ins Festspielhaus. Er taucht, gemeinsam mit Winifred Wagner und Robert Ley, die er leibhaftig sehen kann, in das sich verdunkelnde Auditorium ein und erlebt eine überwältigende »atemlose Stille«. Während Furtwängler die Ouvertüre dirigiert, »jubeln tausend Herzen voller Freude und Dankbarkeit«. Ist alles vorbei, »müssen wir uns erst langsam wieder in die Wirklichkeit zurückfinden«. Was man hier vorfindet, sei nicht nur »Vermächtnis«, sondern bleibende »Erinnerung«. Passend zum Ort schließt er mit einem Satz von Jean Paul, für den Erinnerung das »einzige Paradies auf Erden« sei, »aus dem wir nicht vertrieben werden können«.

Vagabund

Wagner, auch in diesem Jahr während der Festspiele vor Ort,[33] fährt nach der letzten Bayreuther *Meistersinger*-Aufführung am 14. August nach Nürnberg, wo *Rheingold*-Proben anstehen. Von dort aus geht es einen Tag später nach Salzburg. Hier will er mit seiner Frau die Strauss-Oper *Die Liebe der Danae* anschauen, deren Uraufführung Rudolf Hartmann und Emil Preetorius vorbereiten.[34] Wagners unstetes Leben lässt sogar seine Mutter nicht kalt, von Nussdorf aus schreibt sie am 14. August an ihren Freund »Dr. Rittel« in Aachen. Wagner habe seine »Atelierwohnung in München durch Terrorangriff verloren« und nun »keine rechte Bleibe« mehr. Winifred Wagner zeigt sich besorgt um ihren Ältesten, der jetzt so »mehr oder weniger in der Gegend herumvagabundiert«.[35]

Wettlauf

Auch Rudolf Hartmann veröffentlicht viele Jahre nach dem Krieg seine Lebenserinnerungen und schildert dort die Vorbereitungen zur Strauss-Oper als einen »Wettlauf mit den hereinbrechenden Ereignissen der Kriegswende.«[36] Hartmann unterstellt ein Bewusstsein der Opernmacher im August des sechsten Kriegsjahres, dass alles zwangsläufig auf das Ende zugesteuert sei, als sei Oper eine absurde Unternehmung vor dem großen desaströsen Finale gewesen. Deshalb sei auch schon die Uraufführung der *Liebe der Danae* »verboten« worden, zur Generalprobe, die am 16. August nicht nur die Wagners, sondern auch verwundete Soldaten anschauen durften, aber kam es dennoch. Mitte August 1944 aber ist noch wenig klar, und aufzugeben sind viele noch nicht bereit. Auch Wagner bleibt am Ball, und er erhöht das Tempo.

Tempo machen

In Nürnberg geht es nun darum, den *Ring* abzuschließen. Die *Rheingold*-Premiere steht an, und die vier Opern müssen noch als Zyklus zusammengeführt werden. Was in Altenburg nicht gelang, Nürnberg ist die zweite Chance. Goebbels erhöht massiv den Druck, wie im *Völkischen Beobachter* vom 25. August zu lesen ist. »Tiefgreifende Einschränkungen auf kulturellem Gebiet«[37] kündigen sich an, konkret heißt das: Theater und Konzertbetriebe sind zum 1. September zu schließen. Jetzt geht es ums Ganze im eigentlichen Sinne, soll der *Ring* gelingen.

Premiere zwölf

Nun versteht man, warum der Altenburger Disponent nicht mehr radiert hat: Die Theaterroutine im Wechsel von Proben und Aufführung ist dort schon ausgesetzt. In Nürnberg aber arbeitet man noch. Am 26. August reist Gertrud Strobel nach Nürnberg, um die erste zyklische Aufführung, die zugleich eine Premiere ist, zu sehen. Georg Decker kommentiert in der *Fränkischen Tageszeitung* vom 29. August, dass das *Rheingold* die »Exposition zu dem Riesenbau des Ringdramas« sei. Im Übrigen würdigt er Wagner, der als »ein junger moderner Mensch« arbeite, und hebt die im »Technischen« gelungenen Szenen hervor, wie etwa die schwimmenden Rheintöchter. Weniger zufrieden macht ihn der Höhepunkt der Oper: der Einzug der Götter, die über einen Regenbogen nach Walhall hinüber zu schreiten haben. Eine »Endlösung« sei das so noch nicht.

doppelte Rheintöchter

Warum genau er die Rheintöchterszene als so gelungen empfindet, konkretisiert Decker nicht. Es ist theatertechnisch gesehen eine Herausforderung, drei in einem Fluss schwimmende Frauen, die zu singen haben, leicht und schwebend erscheinen zu lassen. Wie Wagner das löst, hält Gertrud Strobel am 26. August fest. Die drei Sängerinnen lässt Wagner hinter einer Felsenattrappe verschwinden und zugleich drei Statistinnen davor sich wie schwimmend bewegen. Strobel überzeugt das nicht: »Kein schöner Anblick, abgesehen von der völligen Verkehrtheit der Darstellung! Sehr schade für Wieland!« Dabei stört sie nicht nur, dass der Gesang schlecht durch den Felsen dringt. Vor allem moniert sie, dass Wagner die Tänzerinnen erotisch einkleidet, die, »ganz nackt wirkend«, auf dem »Felsen herum« springen.

Echthaare

In Altenburg ist man weiter damit beschäftigt, Material für den *Tannhäuser* zu beschaffen. Am 30. August ergeht von dort eine Order nach Wernesgrün im Vogtland,[38] die Lüsenhop persönlich zeichnet. Dass er versucht, über die dort ansässige »Firma Schneider & Pester« Tüllstoffe zu beschaffen, überrascht angesichts der Bezeichnung des Betriebs, bei dem es sich um eine »Haarfabrik« handelt. Lüsenhop bestellt unter anderem je 100 Gramm »weisse Büffelhaare 30 cm lang«, »dunkelgraue Haare 35 cm lang« und »goldblonde Haare 45 bis 50 cm lang leicht gekraust«.

grün folgt rot

Nun also passiert es. Die Theater schließen. Morgens früh gewittert es in Bayreuth, und diejenigen, welche die Oper lieben, sind schwermütig. So auch Gertrud Strobel. Zwei Tage zuvor war sie bei Wagners *Siegfried*-Vorstellung noch zugegen, seine *Walküre* aber hatte sie schon verpassen müssen.[39] Jetzt am Morgen des 31. Augusts telefoniert sie um 9 Uhr früh mit ihm in Nürnberg. Sie hält in ihrem Tagebuch fest: »Heute ›Götterdämmerung‹ als letzte Aufführung.«[40]

An just diesem Tag spricht Hitler in der Wolfsschanze zu seinen Generälen, aber nicht über zukünftige Kriegsstrategien, sondern über etwas, das man kaum erwartet. Er blickt zurück: »Ich bin seit fünf Jahren hier von der anderen Welt abgeschieden; ich habe kein Theater besucht, kein Konzert gehört, keinen Film mehr gesehen.«[41] Er mag sich etwas vorgestellt haben bei dem, was er da ausspricht. Vielleicht denkt er an die *Götterdämmerung*, die er 1940 in Bayreuth spontan besucht hat, sein letzter Theaterbesuch überhaupt,[42] sein Paradies der Erinnerung. Die Entscheidung, sich asketisch von der Oper, die er so liebt, zurückzuziehen, war tiefgreifend, aber bewusst getroffen. Erst im Frieden will er wieder leibhaftig in die Oper, bis dato muss ausreichen, wie er sich alles imaginiert. Vielleicht denkt er in dem Moment, als seine Generäle eine Rede zum Krieg erwarten, an jenen Schluss, der so gemacht ist, als könne Oper motivieren, immer weiter zu gehen. Und durchzuhalten.

Im Finale der *Götterdämmerung* kulminiert eine Geschichte, die sich darum dreht, wer nun die Welt regiert. Der machtbringende Ring wechselt dabei vielfach den Besitzer. Wir sehen schließlich Brünnhilde als Vorletzte in dieser Stafette, die dem toten Siegfried den Ring vom Finger zieht und ein Feuer entfacht, in dem Siegfried verbrennt. Dann beginnt sie ihren Monolog. Diesen Schluss stimmig und originell zu inszenieren, fordert jeden Regisseur heraus. Zwar ist die rauschhafte Musik immer wirkmächtig, sie zieht einen hinein in das Geschehen. Will man aber alles umsetzen, was das Textbuch vorgibt, wird es kompliziert. Wagner bleibt dem treu, was er gelernt hat: Er vereinfacht. Er projiziert, bemalt die Bühne mit farbigem Licht, das er der rauschhaften Musik gegenüberstellt. Im Altenburger Klavierauszug bezeichnet Wagner seine Lichtwechsel mit einem roten Kästchen, in das er mit Bleistift den Buchstaben »B« für Beleuchtung eintragen lässt. In der Schlussszene setzt er dieses »B« dort, wo Brünnhilde den Scheiterhaufen entzündet. Und fügt hinzu: »Feuerzauber links hinten.«[43] Brünnhilde singt weiter und geht dann mit ihrem Pferd Grane in das Feuer hinein. Für den Augenblick danach hält der Bleistiftschreiber fest: »Feuer über ganze Bühne.«[44] Von Brünnhilde ist nichts zu hören, kein Klagen, wie sie und ob sie überhaupt stirbt, man weiß es nicht. Das Orchester aber braust auf, belegt mit schönster Musik, was die in rote Farbe getunkte Bühne zeigt. Dann tauchen mit dem über die Ufer tretenden Fluss die Rheintöchter noch einmal auf.

Hier nun weicht der Enkel wieder ab von dem, was Großvater vorschreibt. Dieser fordert mit dem sich zurückziehenden Feuer gräuliche, sich wandelnde Wolkenformationen. Jener aber lässt eintragen: »Wellenprojektion an!«[45] und spezifiziert die farbliche Gestaltung. Neben dem »B« für Beleuchtung liest man, und Hitler würde die hoffnungsfrohe Neudeutung gefallen haben, »grün«. Das ersetzt das Rot, wie bei einer Fußgängerampel.

Das ist der Moment, da dieses Buch zu Ende sein könnte.

Keinende

Man würde annehmen, dass nach solch einer *Götterdämmerung* im Spätsommer des schlimmsten Krieges aller Zeiten nichts mehr kommen kann. Die Theater zu, Wagner arbeitslos, der Staat steht vor dem Untergang. Der Kulminationspunkt mit einer Opernaufführung, die eine tödliche Diktatur apokalyptisch feiert, war dramaturgisch zudem gut gesetzt. Das sollte reichen.

Häuser in Flammen

Nichts aber ist zu Ende, der Krieg und das Morden gehen weiter, vieles andere auch. Gefechte und Bombardements verursachen weiterhin wirkliche Feuer. Ungezählte Häuser brennen alltäglich. So wie es in der *Götterdämmerung* komponiert ist, hat das, was Brünnhilde erlebt, mit den Schmerzen eines echten Feuertodes nichts gemein. Alles nur ästhetisch.

neue Aufgaben

Zwar sind die Theater nun zu, Wagner aber ist noch ein ganzer *Ring* gelungen. Fünf Minuten vor zwölf sozusagen. Was dazu beiträgt, den Krieg zu gewinnen, verschiebt sich mit dem 1. September 1944 aus der Perspektive des Theaters jetzt massiv. Belohnungsopern für Soldaten und Rüstungsarbeiter:innen wie in Bayreuth, Salzburg und andernorts sind Schnee von gestern. Sänger:innen, Verwaltungsmitarbeiter, Schneider:innen, Schließpersonal, aber auch Regisseure und Intendanten übernehmen neue Aufgaben.

Nachlese

Intendant Hanke versammelt am 3. September sein Personal, um es zu entlassen. Nur ungern schickt er die Menschen an die Front und in die Kanonenfabriken. Er bittet darum, »den guten Geist dieses Hauses auf Ihren neuen Arbeitsplatz« [46] zu übertragen. Die Theater zu schließen, sei schmerzhaft, aber notwendig, um den »Sieg des Lichtes über die Finsternis« zu erringen. Er ermuntert die Anwesenden, nie zu vergessen, dass »sie Künstler sind und nichts anderes sein wollen«.

Georg Decker argumentiert in der *Nürnberger Zeitung* vom 4. September ähnlich und feiert zum »Abschluss des Ringzyklus« die unverwüstliche Oper. Selbst wenn sie nun verschwunden ist, ist sie doch noch da. Anders als Kathedralbauten wie der angegriffene Kölner Dom oder die Menschen selber, die sterben. In »Klavierauszügen und Partituren« ist »die Wunderwelt der Klänge« gespeichert, weshalb der »Abschied von dieser tönenden Welt« traurig gerät. Was aber bleibt, sind »die Kraft unserer Phantasie« und der »Zauber der Erinnerung«. Oper ist ewig.

leuchtender Gral

Auch Overhoff wird eingezogen. Erst muss er nach Grimma und Leipzig, wo er eine militärische Grundausbildung absolviert, dann geht es an die russische Front.[47] Zuvor aber erhält er noch einen Brief von Wagner, datiert vom 15. September.[48] Wagner befindet, dass man die Theater keinesfalls hätte schließen dürfen, für ihn seien sie tatsächlich kriegswichtig: »Das letzte Hindernis auf dem Wege zum Siege ist ja nun durch die Vernichtung der deutschen Kultur beseitigt!«[49] Im Brief aber bedankt er sich bei Overhoff, dass man gemeinsam für das »Echte und Schöne in der Kunst« gearbeitet habe,[50] und er blickt in die Zukunft. Wie die Welt aussieht, sollte man tatsächlich den Krieg verlieren, vermag er sich nicht richtig vorzustellen: »Ob das Leben, falls man nicht im Chaos mit weggespült wird, danach noch lebenswert ist?«

Wagner aber will optimistisch sein. Und mit Blick auf Parsifal, die Figur des Großvaters, die am Ende seiner Geschichte erlöst wird, fasst er Mut und zeigt sich überzeugt, dass auch für ihn der »Gral wieder leuchten wird«. Zwar zieht ihm die Theatersperre einstweilen den Boden unter den Füßen weg, dennoch befindet er: »Unsere derzeitige Arbeit muss eben durchgestanden werden. Herzlichst, gez. Ihr Wieland.«

namenlose Helfer

Überall erscheint nun Theatervolk zu kriegsbedingten Einsätzen, an der Front oder zuhause. Auch Winifred Wagners Söhne gehören ab Mitte September dazu: Wolfgang Wagner im Städtischen Bauamt als »Technische Hilfskraft«[51] und der Bruder bei Schwager Lafferentz.[52] Es ist geheim, was im Bayreuther Außenlager von Flossenbürg vor sich geht. Dennoch ist von »den Endsieg verheißenden Dinge«[53] die Rede, mit denen man sich dort beschäftigt. Was Wagner dazu beiträgt, lässt sich nicht sagen. Bruder Wolfgang aber stellt fest, dass man ihm im Außenlager »eine Art Alibi« verschafft habe und Wagner hier an seinen Opernprojekten habe arbeiten können, wobei ihn die Häftlinge unterstützen. Zu tun gibt es genug: für den Festspielsommer 1945, den Altenburger *Tannhäuser* sowie den Wiener *Ring*. Im Außenlager arbeitet man somit nicht nur an Wunderwaffen, sondern auch an der Oper. Die ihn unterstützenden Häftlinge, die nicht mehr identifiziert werden können, werden zu so etwas wie Wagners namenlosen Helfern.

Konzentrationslager

Wagners neuer Arbeitsplatz liegt am Rande der kleinen Stadt. Von der Familienvilla zur Baumwollspinnerei zu gehen, dauert nicht länger als eine halbe Stunde, aber es ist doch auch ein Riesensprung, den man von der Grandezza des 19. Jahrhunderts in die Öde einer ausgedienten Fabrik, wo die Häftlinge kaum ausreichend ernährt werden, hinzulegen hat. Eine aus 14 Männern bestehende Wachmannschaft der Schutzstaffel kontrolliert. Lagerführer ist Adolf Nies, der zuvor in Flossenbürg als »Leiter des Exekutionskommandos« und als »Arrest- und Bordellverwalter« Wichtiges erledigt hat.[54] Auf dem Bayreuther Lagergelände befindet sich ein Galgen,[55] gemordet wird hier aber nicht: »Das wurde in Flossenbürg erledigt«, berichtet der in Bayreuth internierte Häftling Bogdan Kordiuk nach dem Krieg.[56] Geschlagen und gefoltert wird aber auch hier.[57]

Fluchtversuch

Am 2. November gelingt es zwei Häftlingen, aus dem Lager zu entkommen.[58] Wie andere Häftlinge anschließend drangsaliert werden, um über deren Mitwisserschaft etwas zu erfahren, dazu findet sich keine Information. Auch nicht dazu, ob mehr als sonst jetzt geschlagen und gefoltert wird.[59] Aber man tauscht fast die gesamte Bayreuther Wachmannschaft aus.[60] Nies wird nach Flossenbürg strafversetzt, seine Stelle übernimmt der erfahrene Arno Schmidt. Die Geflohenen greift man bald wieder auf und verbringt sie nach Flossenbürg.

weg hier

Wenige Tage später, am 5. November, berichtet Gertrud Strobel von Fluchtplänen ganz anderer Art. Gertrud Wagner zufolge deprimiert ihren Mann, der »finsterer und bitterer wird«, was er im Lager erlebt, und ihn plagen »Zweifel« am »guten Ausgang« des Krieges.[61] Overhoff schlägt derweil etwas vor, worüber sich Strobel aufregt. Hitler solle Wagner gestatten, sich in die neutrale Schweiz zu begeben, um zusammen mit Richard Strauss ins Exil zu gehen. So würden zwei Superstars der deutschen Oper »auch nach einer Niederlage erhalten bleiben!!!«.

in die Welt treten

Der *Kurier* titelt am 9. November »V 2 in Aktion« und meldet erfolgreiches deutsches Bombardement auf London. Häuserzeilen, eine Brücke und ein Bahnhof sind getroffen. Zu erläutern, was genau die neue Waffe alles kann, verbietet sich. Zur »V 1« aber ist diese Waffe schon ein großer Fortschritt, ergo ist alles nur eine Frage der Zeit. Zukünftig aber wird es ohnehin weniger um eine bessere Schlagkraft von Fernbomben gehen. Vielmehr dreht es sich vor allem darum, auf welche Weise die Bomben in die feindliche Welt eintreten. Von der »außerordentlichen starken Detonation« selbst würden die Menschen in der Zielregion nämlich bald nichts mehr mitbekommen. Anders als frühere Waffen, die »man im Fluge kommen sieht«, würden zukünftige Sprengkörper plötzlich einfach da sein, »hören oder wahrnehmen« könne man sie, bevor sie detonieren, nicht. Wie ein Wunder.

letzter Jude

Bis vor kurzem sind es noch sieben Juden, die in Bayreuth ausharren, zwei von ihnen aber begehen Suizid, vier sterben angesichts der katastrophalen Bedingungen, unter denen sie leben mussten.[62] Der letzte ist Justin Steinhäuser, der 1933 unter Protest des Oberbürgermeisters eine Protestantin geheiratet hat. Wegen dieser Ehe entkommt Steinhäuser dann tatsächlich lange der Deportation, im November aber bringt man auch ihn in ein Lager nach Thüringen, von hier aus wird er in das Konzentrationslager Flossenbürg verschleppt.

Nachtessen

Schon länger hat man sich nicht gesehen. Und so lädt Hitler nach Berlin ein. Zu einem Nachtessen finden sich Wagner, Lafferentz sowie deren Frauen kurz nach Mitternacht des 7. Dezember um 1 Uhr in der Reichskanzlei ein.[63] Anders als die Uhrzeit künden die Gespräche, die man führt, und der Ort des Treffens davon, wie alltäglich der Diktator alles erscheinen lassen will. So führt er aus, dass der »Endsieg« bevorstehe und man nun für die »Friedensfestspiele« im Sommer planen könne. Lafferentz freut das, zumal er schon »teure Kleiderstoffe und Kulissenmaterial« »im Keller des Hauses der Deutschen Erziehung in Bayreuth« hat einlagern lassen. Dessen Frau spricht auch andere Themen an und will erfahren, wie es zu dem schlimmen Bombenangriff auf Heilbronn unlängst habe kommen können. Hitler stellt fest, dass er darüber nichts wisse,[64] und bewahrt so das Image des charismatischen Kunstliebhabers, dem andere Krieg und Völkermord unterjubeln wollen. Gertrud Wagner bestätigt später, im Januar 1945, im Brief an eine Freundin, wie unangreifbar Hitler ihr erschienen sei: »Nachts von 1–3 Uhr zum Essen ganz alleine mit ihm!« Es war »ein sehr anregender Besuch beim Führer«, man sei mit »sehr positiven Gefühlen« wieder gegangen, »das hat recht wohlgetan«.[65]

Auf mehr als Anekdoten von einst und Festspielpläne lässt Hitler sich in dieser Nacht nicht ein. So lehnt er es auch ab, ein Geschenk, das man ihm zu seinem fünfzigsten Geburtstag gemacht hat, der Familie auszuhändigen. Es sind Autographen Richard Wagners, darunter auch Skizzen zur *Götterdämmerung*, die ihm vom Hauptverband der Industriellen überreicht worden waren. Der hatte das Konvolut vom Wittelsbacher Ausgleichsfonds regulär erworben.[66] Somit hat die Familie keinerlei Anspruch auf die Partituren. Das vorgebrachte Argument, dass man die kostbaren Noten in Bayreuth sicherer aufbewahren könne, interessiert Hitler nicht. Auch Wagners Ansinnen, ihn von der Arbeit in der Außenstelle freizustellen, überhört er.

Rausch, Krankheit, lieber Hitler

Der Diktator bemüht sich, alles so normal aussehen zu lassen, kann aber nicht verbergen, dass er sich verändert hat. Nicht nur das Attentat zeichnet ihn, sondern auch sein Jahre andauernder Drogenkonsum. Was sein Leibarzt Theodor Morell Hitler tagtäglich verabreicht, kann man bei Norman Ohler nachlesen. Hitlers Ende im Blick, wählt Ohler das Wort von der »Drogendämmerung«, mit dem er dessen Lieblingsoper und die ihn berauschenden Produkte begrifflich verquickt.[67] Hitler driftet ab in Opernsimulationen ebenso wie in Drogen- und Kartenwelten: »Nur noch unwirkliche Zufluchtsorte wurden aufgesucht.«[68] Dennoch, Wagner will das nicht sehen, vielmehr stellt er fest: Hitlers Zustand mache den Diktator »noch zutraulicher, noch lieber«.[69]

Spaziergang

Am nächsten Tag, dem 8. Dezember,[70] treffen sich die Freunde erneut. Die beiden Männer machen einen Spaziergang. Wieder spricht man über die nächsten Friedensspiele, und Hitler fordert Wagner auf, die Leitung am Hügel zu übernehmen.[71] Was sonst zur Sprache kommt, weiß man nicht.

keine Neuinszenierung

Die Festspielleitung nimmt zur Kenntnis, dass im Sommer wieder gespielt werden soll. Winifred Wagner aber ist dagegen. Tietjen verdeutlicht ihr in einem Brief vom 17. Dezember, dass man sogar die Ressourcen für eine Neuproduktion habe, nur, so befindet er, könne »man das jetzt moralisch nicht verantworten«. Damit wischt er eine Neuinszenierung der *Walküre*, die Wagner machen will, vom Tisch. Für die kriegsgünstigen *Meistersinger* hingegen sei die Ausstattung vorhanden, die in einem »Salzbergwerk in Thüringen« lagere.[72]

Preußenkönig

Am 22. Dezember hält Gertrud Strobel verspätet, aber detailliert fest, was Wagner alles von Hitler berichtet. Seine Augen seien noch »größer« geworden, seine »Unterpartie zurücktretend gegen die Nase und die Gestalt sehr gebeugt«, seine Hand zittere, er leide noch an den Folgen einer Gehirnerschütterung, seine Trommelfelle seien geplatzt, weshalb Hitler »noch heute kaum hohe Töne hören« könne, die Stimmbänder mussten zudem operiert werden, er habe sechs Wochen gelegen. Wagner aber beobachtet auch, dass Hitler Positur hält. So angeschlagen wie er sei, bewege er sich dennoch so gezielt, als spiele er eine Rolle. Wagner fühlt sich »seltsamerweise« an Friedrich den Großen, den Preußenkönig, erinnert.

Das aber ist keineswegs so eigenartig, wie es ihm erscheint, sondern so theaterhaft gemacht, wie es bei Wagner ankommt. Dass es funktioniert, liegt an Hitlers performativem Talent, das er weiterhin politisch, aber auch im Privaten nutzt. Das Bild Friedrichs bezieht er aus einem der teuersten Filme des Nationalsozialismus, der *Große König* von Veit Harlan. Hitler träumt mit dem Kriegsfilm aus dem Jahr 1942 weiterhin davon, dass er siegen wird wie einst sein Vorbild.

Torpedo

»Zwischen den Zeiten« betitelt Fritz Seidenzahl seinen Leitartikel im *Kurier* vom 28. Dezember. Das passt zum anstehenden Jahreswechsel ebenso wie zum immer noch andauernden Krieg. Der sei nämlich nur ein »Intervall«, mit dem man auf eine gute Zukunft zusteuere. Neue Waffen würden es richten, so lautet die Botschaft eines futuristischen Fotos zum Artikel. Die Bildunterschrift: »Torpedos sind kompliziert hochentwickelte Waffen.« Pressefotos sind jetzt rar und müssen besonders effektiv sein, weshalb man sich viel Mühe mit ihnen gibt.

Hier nun sieht man einen raketenförmigen Waffenkörper, der in einem kühl anmutenden Raum aufgestellt ist. Das Gerät sitzt auf einem runden Träger und hat einen rechteckigen Aufbau. Darunter befindet sich ein Doppelrohr, das nach vorne größer zuläuft. Am Heck der Rakete haben sich sechs Männer eingefunden, die den zwei anderen, die auf dem Aufbau stehen, zuhören. Einer im weißen Kittel, alle anderen in militärischem Schwarz. Zoomt man den Scan des Zeitungsfotos nah heran, erkennt man, dass jedem der Männer etwas Schemenhaftes eigen ist. Auch die modernistische Apparatur der Rakete macht den Eindruck, als schwebe sie, wundersamerweise. Das Bild ist eine Fotomontage.

1945, alles wird gut

der Burgfrieden ist nun zu Ende

Es schneit und es ist kalt, auch sonst verläuft für Getrud Strobel alles so, wie man es erwarten kann für einem 1. Januar: »Mittags im Bayer. Hof gegessen, abends daheim. Den Tag still verbracht, auch gearbeitet.« Wagner hingegen beschäftigt in diesen Tagen ein Brief, in dem er ankündigt: »Der Burgfrieden ist nun zu Ende!«[1] Die Mutter erhält ihn am 3. Januar und liest, was ihr Sohn mit Hitler verabredet hat. Hitler, dem er von seinen Altenburger Erfolgen berichtet hat, schätzt, was Wagner künstlerisch auf die Beine stellt. Das habe sie zu respektieren. Im Übrigen spalte Tietjen die Familie und betrüge, wo es nur geht, dessen falsche Loyalität müsse sie erkennen.[2] Vor allem aber: Hitler will, dass er die Leitung der Festspiele übernimmt.

Wieland voller Pläne

Strobel hält am 5. Januar zu Wagners Geburtstag fest: »Wieland war wieder voller Pläne.« Er will Hitler so bald wie möglich wieder treffen, um ihm eine »Einheitsausgabe«[3] der Werke Richard Wagners vorzuschlagen. Das große Editionsprojekt solle wie geplant an der Forschungsstätte angesiedelt werden. Außerdem müsse nun endlich geklärt werden, wie man mit den Tagebüchern von Cosima Wagner verfahren solle. Entgegen dem, was Eva Chamberlain testamentarisch verfügt habe, seien diese dem Archiv zuzuschlagen.[4] Hier sind sich Mutter und Sohn einmal einig, nur glaubt sie, dass es anders besser funktioniert. Sie »will wegen Sicherstellung der Tagebücher einfach an Himmler schreiben, der sie durch die Gestapo für Wahnfried beschlagnahmen lassen soll!«.[5]

ein Kavalier

Derweil weist sie das an sie gerichtete Ansinnen, die Festspielleitung niederzulegen, kühl zurück. »Wieland ist außer sich.«[6] Er will nun Tietjen zum Rücktritt bewegen, wie Strobel festhält. Im Übrigen habe er Hitler schon längst alles gemeldet, was Tietjen zu Last zu legen sei. Warum Hitler diesbezüglich nicht tätig wird, versteht Wagner nicht wirklich, findet aber schützende Worte für ihn. Hitler sei einfach »zu sehr ›Kavalier‹« und könne deshalb »nicht eingreifen«.

Egoismus

Wie Tietjen ist auch Winifred Wagner dagegen, dass man im Sommer eine neue *Walküre* inszeniert. Sie will Overhoff auf ihre Seite ziehen, vielleicht kann er auf Wagner einwirken, dass er verzichtet. In ihrem Brief an ihn vom 15. Januar[7] argumentiert sie nicht nur moralisch. Die »Ausgebombten gehen in die Hundertausende«, schreibt sie. Vor allem gilt es, an den Endsieg zu denken, »Wehrmacht und Volkssturm« müssten alles, was es an Material noch gibt, zugewiesen bekommen. Ihr Sohn sei egoistisch, der mit seiner teuren Kriegsproduktion doch nur das Ziel verfolge, sich von der Arbeit im Außenlager freistellen zu lassen.

schweigen

Winifred Wagner stellt ihren Sohn als einen Drückeberger hin. Das lässt sie sich als diejenige, die den Sohn als ihren Nachfolger verhindern möchte, nicht nehmen. Wagner selbst aber äußert sich nicht. An keiner bekannt gewordenen Stelle begründet er, was ihn eigentlich treibt. Er schweigt.

Deutlich wird zu Beginn des neuen Jahres aber, dass er optimistisch gestimmt weitermacht. So verfolgt er die Wiener *Ring*-Pläne, wie es aus einem Schreiben vom 20. Januar von Walter Bornemann hervorgeht.[8] Bornemann lässt Wagner hoffen, da Hitler ihn vom Militärdienst freigestellt hat und er sich so mit Benno von Arent um die »dekorativen Arbeiten für die Ausschmückung der Staatsakte« kümmern kann. Noch ist er zwar auch mit den *Troubadour*-Kulissen für die Staatsoper beschäftigt, die jene ersetzen sollen, die gerade verbrannt sind, wegen des akuten »Materialmangels« aber wird er bald nicht mehr viel zu tun haben. Dann ist Bornemann bereit, er hofft, die »Walkürendekorationen in 3 Monaten fertigzustellen«.

Verhandlungen

In Bayreuth diskutiert man derweil die aktuelle Lage. Gertrud Strobel bestätigt in ihrem Tagebuch am 27. Januar, wie gut der Draht weiterhin ist, den man nach oben pflegt: »Wieland erzählt noch«, notiert Strobel, »was noch keiner weiß!« Die Bemerkung Hitlers »Rußland ist für uns nur eine Angelegenheit von drei Wochen!« lässt Strobel zweifelnd feststellen: »Völlig unbegreiflich!«

politikfern Politik machen

Am 30. Januar feiert man, dass Hitler vor zwölf Jahren zum Reichskanzler ernannt worden ist. Das führt zu weiteren politischen Gesprächen im Hause Strobel.[9] Wagner befürchtet nun eine »Großoffensive der Amerikaner« und einen »Vorstoß der Russen«. Man müsse von einer »Teilung von Deutschland in 2 Hälften« ausgehen und nur »Verhandlungen mit England« könnten etwas »retten.« Neutral genug, solche Gespräche zu führen, sei nur jemand, dem die Politik so fern liegt wie Wagner selbst: »Furtwängler, als einem nicht zur Partei gehörendem Menschen, der überall Beziehungen hat!!!«

Strobel verunsichert, was sie hört. Sie baut sich aber mit dem auf, was Hitler im Radio sagt, sein »fanatischer Appell« durchzuhalten, empfindet sie auch als »eine Antwort auf Wielands Bedenken«. Der Diktator agiert musikdramaturgisch so, wie sie es von ihm erwartet, lässt seiner Rede eine Aufnahme des ersten Aktes der *Walküre* vorausgehen, die man trotz Theatersperre am 21. September 1944 in Dresden gemacht hat. Helden, die der dortige Zeugungsakt entstehen lässt, werden zukünftig gebraucht, so die Botschaft des Konzertmitschnitts.

Bühnengarderobe

Die Männer des Theaters sind Soldaten geworden. Nun geht es darum, sie einzukleiden, reguläre Uniformen sind kaum mehr zu bekommen. So fordert am 2. Februar ein Schreiben der Reichstheaterkammer,[10] die »gesamte Bühnengarderobe« von Altenburg für das »Volksopfer abzugeben«. So allgemein, wie das klingt, ist dieser Aufruf, der an alle Theater im Lande geht, gar nicht gemeint. Weiter unten im Brief steht zu lesen, dass man nur »moderne Kleidung« akzeptiere. Derjenige, der erschrickt, dass alte Männer oder Kinder in Bajazzokostümen nun auf amerikanische Panzer zu schießen haben, irrt. Solche Kostüme können im Fundus verbleiben, Theateruniformen aber sind abzugeben.

nach Nußdorf

In Bayreuth entscheiden sich die Wagners zur Trennung der Familie. Am 3. Februar morgens in aller Früh geht es mit dem Auto an den Bodensee. Gertrud Wagner, das Ehepaar Lafferentz, drei kleine Kinder und Paul Eberhardt am Steuer fahren nach Nußdorf.[11] Winifred Wagner mit den Söhnen und der anderen Schwiegertochter bleibt in Bayreuth.

Troubadourkulissen

Am selben Tag, dem 3. Februar, kommt es zu dem bis dato schwersten Luftangriff auf Berlin. Geschätzte 25 000 Menschen sterben, über 100 000 werden obdachlos. Wohnungen, Rüstungsbetriebe, Bahnhöfe, das Stadtschloss und der Volksgerichtshof werden zerstört. Auch die Staatsoper erwischt es erneut. Ob Bornemann die *Troubadour*-Kulissen dorthin schon liefern konnte, ist nicht bekannt. Falls ja, verbrennen sie wohl ein zweites Mal.

eine saubere Stadt in Oberfranken

Der Berliner Volksgerichtshof klagt Regimegegner an und ist zugleich Gefängnis für die Verurteilten. Schon im Herbst 1944 hat man verschiedene Abteilungen desselben nach Bayreuth ausgelagert. Nach der Zerstörung ordnet man an, Weiteres dorthin zu verlegen. Am 6. Februar schickt man 400 Häftlinge von Berlin aus nach Bayreuth, wo sie nach elf Tagen ankommen. Unter ihnen ist Gerhard Schultze-Pfaelzer, ein Journalist, der im Untergrund gegen die Nazis gekämpft hat. In seinem nach dem Krieg veröffentlichten Buch *Kampf um den Kopf* hält er fest, was er in Bayreuth sieht.[12] Neben den »blinkenden Fensterscheiben« erstaunen ihn vor allem die Menschen: »Die Bürger von Bayreuth tragen den Kopf noch so selbstgerecht im Nacken, als könne es hier überhaupt kein Verderben regnen.« Alles in allem sehen sie »noch ziemlich gut hitlerisch aus«.

Freundschaftsbekundungen

Ein Poesiealbum ist ein Buch, das sich zunächst dadurch auszeichnet, dass seine Seiten leer sind. Die Inhaberin oder der Inhaber bittet diejenigen, die ihr oder ihm wichtig sind, dort etwas hineinzuschreiben, um damit Freundschaft zu bekunden. Die Vorgeschichte des Poesiealbums geht ins 19. Jahrhundert zurück, wo man oft das, was man hineinschrieb, mit Zeichnungen, Scherenschnitten, eingeklebten Blättern oder Notenzitaten bereicherte.

Schon länger überlegt auch Wagner, nach Nußdorf abzureisen,[13] weshalb er ein paar Dinge zu regeln beginnt. Am 20. Februar verrät Gertrud Strobel ihrem Tagebuch: »Wieland übergibt noch sein Poesiealbum« und fügt hinzu: »Mit hochinteressanten Eintragungen vom Führer, Heß, Goebbels usw.«

Parsifaldeutung

Genau sagen lässt es sich nicht, wann Wagner aufgehört hat, an den Endsieg zu glauben. Zuletzt ist es ein Auf und Ab, das ihn mal mehr hoffen, mal mehr zweifeln lässt. Dass er nun bereit ist, etwas so Privates wie sein Poesiealbum abzutreten, mag damit zusammenhängen, dass er sich zu distanzieren beginnt von denjenigen, die ihm zum Teil schon seit Kindesalter nahestehen.

Zu Hitler aber schaut er weiterhin auf, wie auch sein gerade größer werdendes Interesse an dem auch vom Diktator so sehr verehrten *Parsifal* zeigt. Am 26. Februar besucht Wagner am Abend die Strobels: »Tee mit Brötchen und Plätzchen, dazu endlose Gespräche.« Wagner stellt etwas klar. Overhoff hatte fälschlicherweise verbreitet, dass Hitler für den *Parsifal* eine neue textliche Fassung gefordert habe. Der aber habe nicht von einer »neuen Dichtung« des *Parsifals*, sondern nur von einer »neuen Deutung gesprochen«. Dann versenkt man sich in die Frage, ob die Gralsritter asketisch veranlagt seien oder nicht. Wagner ist tief eingetaucht in der Welt dieser Oper, ohne dass er das Stück demnächst inszenieren muss. Er wechselt vom pragmatischen zum theoretischen Steuermodus, um an der großen Idee weiterzuarbeiten, wie Politik und Kunst zusammengehen. Dabei bleibt es nicht nur bei dem, was man bei Tee und Plätzchen debattiert. Wagner stößt auf einschlägige Autoren, die ihm helfen sollen, wie der *Parsifal* nationalsozialistisch passfähig gemacht werden kann.

Wagner liest: Werke des Philosophen Leopold Ziegler[14] sowie den Aufsatz »Erlösung dem Erlöser« von Walter Engelsmann.[15]

Entwürfe und Skizzen

Die Amerikaner versuchen am 12. März, eine Ölraffinerie in Wien mit Bomben zu zerstören. Der Angriff misslingt. Stattdessen aber treffen sie große Teile der Innenstadt, so auch das Opernhaus am Ring. In seinem Büro bewahrt Intendant Karl Böhm die Entwürfe und Skizzen zu Wagners Wiener *Ring* auf. Auch sie werden Opfer der Flammen.[16]

Monat der Entscheidung

Wagners Mutter und Gertrud Strobel respektieren, aber mögen sich nicht. Der Mutter ist das Verhältnis ihres Sohnes zur älteren Strobel suspekt, während die sich darüber echauffiert, dass Winifred Wagner den Sohn nicht gebührend fördert. In einer Sache allerdings sind die Nationalsozialistinnen d'accord, sie geben die Hoffnung so leicht nicht auf. Vielleicht hat Wagner etwas von erfolgversprechenden Arbeiten im Lager durchsickern lassen, vielleicht erliegen die beiden aber wie viele andere im Land einfach nur der allgemeinen Wunderwaffenpropaganda, vielleicht ist das eine aber auch Teil des anderen. Jedenfalls hofft Winifred Wagner am 30. März einer Freundin gegenüber,[17] dass die »Wende kommt«, und ist überzeugt, »daß der Führer noch einen Trumpf in der Hand hat, den wir alle nicht ahnen!«. Am 1. April räsoniert Strobel: »Zum Osterfest und am ersten Tage des Monats, der die große Wende in diesem furchtbaren Kriege bringen soll, beginne ich dieses neue Heft.« Die Seiten vor ihr wollen gefüllt und die Tage und Monate gelebt werden, und das zweifellos lieber mit Hitler als ohne ihn. Ihre Frage: »Wie lange werden wir noch auf den ›großen Gegenschlag‹ warten müssen?« zeigt, dass sie weiterhin optimistisch gestimmt ist, die andere aber: »Wird er überhaupt kommen?« zeugt von fast schon banger Erwartung. Hoffen aber muss man bis zuletzt: »Jedenfalls wird sich in den vier Wochen dieses Monats unser alle Schicksal entscheiden: Leben oder Tod!«

Villa in Trümmern

Die militärischen Entwicklungen spitzen sich zu. Der große Luftangriff auf Bayreuth kommt am 5. April und mit ihm Chaos und Tod. Die noch so aufgeräumt wirkende Stadt von vor ein paar Wochen gibt es nun nicht mehr, sie ist Geschichte. Gertrud Strobel dokumentiert die Schrecken des Krieges,[18] die sie nun persönlich ereilen: »Unser Keller schwankt«, sie überlebt, kriecht aus ihrem Unterschlupf und wendet sich dem Familiensitz der Wagners zu. Beim »Anblick von Wahnfried« verliert sie »zum erstenmal die Fassung«. Die Wagnervilla liegt in Trümmern, die strenge Archivarin weint. Winifred Wagner tritt ihr entgegen und meint: »Nun wäre es also so weit«.

Beobachtungen

Winifred Wagner hat den Angriff im Nebengebäude überlebt. Im »Luftschutzkeller unter dem Altbau« wäre ihr das nicht gelungen, der ist verschüttet. Und mit ihm, wie Strobel, die so gerne isst, festhält, »sämtliche Vorräte an Mehl, Konserven, Eiern, Wein usw.«. Das Haus der Strobels ist ebenfalls schlimm getroffen, doch zeigt sich wundersam surreal, was bleibt: »Der Archivschrank steht noch auf einem Vorsprung«, außerdem das Porträt von Eva Chamberlain, besonders schön aber »das Führerbild unversehrt«. Lafferentz überlebt im Lager wie Wagner. Der »wirkt äußerlich ruhig«, sei aber »innerlich ganz durcheinander«. Strobel schreibt dann einen Satz, der sie als Teil einer Kette kontrollierenden Zusehens fasst: Sie beobachtet, »mit welchem sachlichen Interesse und scharfen Blick« Wagner »eine Dame vor dem Mann'schen Haus betrachtet, die gerade weinend zusammenbricht!«. Wagners professioneller Blick auf echten Schmerz lässt ihn vergessen, dass die Frau einen Menschen oder ihr Haus verloren hat. Als wäre sie Theatermaterial.

ein Koffer für Berlin

Am 6. April zeigt sich, was die feindlichen Bomben angerichtet haben. Nicht nur haben sie dafür gesorgt, dass die Wagners und Strobels obdachlos sind, sie treffen auch wohlgehütete Schätze. »Die große ›Parsifal‹-Partitur Wahnfrieds«, die Wagner bis dato als sein »tägliches Brot« vor sich auf dem Schreibtisch hat, »liegt unter dem Schutt«,[19] die Erlösung des Erlösers, verdreckt und zerstört. Lange deshalb zu trauern, hat Wagner keine Zeit, man muss sich entscheiden, wo man ein Dach über dem Kopf finden kann. Winifred Wagner will nach Oberwarmensteinach ins Fichtelgebirge, wo die Familie ein Sommerhaus hat. Wagner zieht es nach Berlin, auch um an Hitlers Partituren heranzukommen.[20] So eindimensional aber ist seine Zielsetzung nicht. Das zeigt sich daran, dass Wagner zunächst unsicher ist, wie groß die Reise ausfallen wird, wie Strobel berichtet: »Wieland, der ursprünglich alle seine Sachen mitnehmen wollte, um in Berlin zu bleiben, packt später nur einen Koffer.«[21] Zur großen Variante kommt es nicht. Vielleicht wäre Wagner lieber für immer in Berlin geblieben, ganz in sich zurückgezogen und doch aufschauend zu dem, der ihm sonst auch Lösungen für alles verheißt.

Aber es missglückt. Weder schafft er es, die kostbaren Noten zu bekommen, noch gelingt es Wagner, Hitler überhaupt noch einmal zu treffen. Der lässt ihn abwimmeln,[22] und schließlich ist das, was in einen Koffer passt, viel zu viel. Nun dämmert es Wagner: Auf den Sieg zu hoffen, ist aussichtslos.

Fluchtversuch

Schon am Morgen des 8. Aprils kommen Wagner und Lafferentz, der mitgereist ist, nach abenteuerlicher Fahrt wieder zurück. Weitläufig müssen sie dabei die Autobahn umfahren, die schon von den Amerikanern kontrolliert wird. Wieder fallen Bomben auf Bayreuth, und man entschließt sich, weiter nach Nussdorf zu fahren. Im Gepäck verstaut nun nicht Hitlers Partituren, sondern andere »Wagner-Autographen«,[23] die die Männer aus dem Archiv mitnehmen.

nach Flossenbürg

Ein paar Tage später, am 11. April, bombardiert der Feind die Stadt erneut, es ist der schwerste Angriff auf Bayreuth überhaupt. 875 Menschen sterben, auch die Spinnerei ist getroffen. Das Lager bricht die Arbeiten ab, Leiter Arno Schmidt schickt die 61 Häftlinge auf einen Fußmarsch und überstellt sie zurück ins Stammlager nach Flossenbürg. Einer von ihnen kommt auf dem Weg ums Leben,[24] es ist der Italiener Pietro Sanna, den man auf der Wegstrecke notdürftig beerdigt. Irgendwo zwischen Bayreuth und Flossenbürg, wo die anderen Häftlinge drei Tage später ankommen.

Endzeitoper

Kunstsymbolisch wirft man die Flinte aber noch nicht ins Korn. Am 12. April spielt man in Berlin ein Konzert, das Albert Speer veranlasst.[25] Die Philharmoniker programmieren Hitlers Kriegsoper, mit der Wagner die Naziwelt einst auf Grün stellte, auf dass die Diktatur mit ihrer menschverachtenden rassistischen Politik hoffentlich nie aufhören möge. Wieder umgeht man die Theatersperre, die Konzerte nicht einschließt. Es ist nicht irgendeine Szene, die man an diesem Abend bemüht. Man bewundert erneut eine Frau, die singend ins Feuer schreitet: Das Konzert endet mit Brünnhildes Schlussgesang aus der *Götterdämmerung*.

Kampf um weiße Fahnen

Zwei Tage später, am 14. April, fällt Bayreuth. Die Amerikaner sind da, die Wagners, die Lafferentz' und die Strobels, alle weg. Im nahen Fichtelgebirge untergekommen, stellt Strobel fest: »Völlige Auflösung der Wehrmacht.«[26] Hie und da sieht sie weiße Tücher an den Häusern, macht nun mit: »Die weißen Fahnen wieder herausgehängt« und berichtet von der »Waffen-SS«, die befiehlt, die Fahnen zu entfernen.[27]

in die Schweiz

Vollständig aufgeben, das mag sie aber noch nicht. Am Vorabend zum 20. April hört sie Goebbels anlässlich des Führergeburtstages reden. Dessen Worte, vom Radio übertragen, lassen sie hoffend zurück, vielleicht »geschieht wirklich noch ein Wunder!«. Wagner hört Feindsender,[28] und es konkretisiert sich, was man schon länger nicht mehr ausschließt. Die Familien wollen weiter fliehen. Von Nußdorf aus geht es am 27. April mit einem Volkswagen nach Überlingen. Von dort steigt man um in ein Boot, das sie über den Bodensee in die

Schweiz bringen soll.[29] Man hat nur wenig im Gepäck, aber doch etwas sehr Wertvolles mitgenommen: das *Parsifal*-Autograph.[30]

Die Noten in dicken Bänden und klar leserlicher Schrift stammen von einem der bedeutendsten Männer der Kulturgeschichte, einem berühmten Komponisten, einem Genie des 19. Jahrhunderts, einem strammen Antisemiten, der im Jahr der Flucht über den Bodensee 62 Jahre tot ist und der nichts weiß von dem, was sich in den letzten Jahren ereignet hat: nichts von der Karriere des Enkels, nichts von dem Gebaren einer Schwiegertochter, die er nie kennen lernte, dem Tod des Sohnes, der unnachgiebigen Politik eines deutschen Diktators, den ideologischen Auswüchsen eines anderen Schwiegerkindes, der gelungenen Flucht einer Enkelin, die ihn verteidigt, geschweige denn von der Entsetzlichkeit der Shoah. Hätte er aber die Szene des über den See fahrenden Bootes beobachten können, hätte er zu fragen gehabt: Was ist hier los? Was macht mein *Parsifal* mit diesen Menschen, von denen einige, wie an den Nasen zu erkennen, mir ähnlich sehen, in diesem Boot? Auf eine Antwort wäre er kaum gekommen. Die Noten sollen die Reisenden finanziell absichern[31] und sind zugleich Symbol, das die Bootsgesellschaft auf Erlösung hoffen lässt, wie ein wertvoller Sonderpass, eine »Beglaubigung«[32] für die, denen nicht mehr ganz klar ist, ob man stolz darauf sein kann, ein oder eine Wagner zu sein oder nicht.

Die schweizerischen Grenzbeamten auf dem See, welche sie aufgreifen, verstehen nichts von alledem. Sie schicken die Menschen zurück, die Flucht ist misslungen. Man richtet sich jetzt in Nußdorf ein.

schwache Philosophen und starke Männer

Das Nürnberger Opernhaus liegt Ende April gespenstisch da. Der Spielbetrieb ist seit über sieben Monaten ausgesetzt. Ein uralter Hausmeister schlurft routinemäßig durch die endlos anmutenden Gänge der Hinterbühne, um nachzuschauen, ob alles in Ordnung ist. Ihn überrascht die Stille im Haus immer noch. Niemand spricht, ruft oder singt, kein Korrepetitor, der Klavier spielt, keine Harfenistin, die übt, kein Hämmern. Aber er sieht gemalte Sprüche, die sich an das Personal von einst richten. Im Laufe der Nazizeit wurden sie auf Wände im Haus gemalt, in Frakturschrift, einzelne Buchstaben in Rot, ansonsten in Schwarz. Nicht nur Rauchverbote sind hier festgehalten, sondern auch politische Aussagen. Es sind Botschaften, die sich nach innen wenden, während man vorne große Oper vor bürgerlichem und soldatischem Publikum spielt. An die werktätige Arbeiterschaft im Haus richtet sich etwa das Motto aus einer Hitlerrede aus dem Jahr 1933: »Das Leben wird nicht durch schwache Philosophen geschützt, sondern durch starke Männer.«[33] Der Spruch schätzt körperliche Arbeit wert, die auch in der Kunst zu verrichten ist, um Kulissen zusammenzuzimmern. An anderer Stelle des Hauses zitiert man aus einer Rede Hitlers aus dem Jahr 1940, der Krieg hinterlässt seine Spur in einem Opernluftschutzraum: »Was immer auch geschehen mag, Deutschland wird aus diesem Kampf siegreich hervorgehen.«[34]

Testament

Daran, dass der Kampf immer weiter zu führen ist, denkt Hitler, als er in den frühen Morgenstunden des 29. Aprils sein politisches Testament aufsetzt. Mit der dort von ihm angekündigten »strahlenden Wiedergeburt« des Nationalsozialismus[35] rechtfertigt er den andauernden totalen Krieg, aber auch den eigenen Tod. Die pseudosakrale Auferstehungsformel entspricht dem *Götterdämmerungs*-Ende, wie Hitler es sieht.

Beethoven

Es wird behauptet, dass das, was man am 30. April im Radio berichtet, wiederum mit der Trauermusik aus der *Götterdämmerung* untermalt wird.[36] Hitler ist tot. Und die Musik für gefallene hohe Nazi-Militärs wäre auch hier angebracht. Aber, Hitler ist nicht irgendwer. Somit überträgt man an diesem letzten Apriltag den zweiten Satz aus Beethovens dritter Sinfonie, der sogenannten *Eroica*, die Napoleon gewidmet ist. Napoleon trifft auf Beethoven und beide auf Hitler, drei Genies in einem Boot. Gertrud Strobel notiert zur Radiomitteilung einen Tag nach dem Selbstmord, der noch immer verschwiegen wird, am 1. Mai: »Große Erschütterung!« Hitlers Nachfolger Karl Dönitz spricht und Strobel sinniert: »Ob der tote Adolf Hitler nicht mächtiger sein wird als der lebende?«

Dann wird Strobel krank, ihre Disziplin ist hin, nur die Hoffnung stirbt zuletzt.

Hier gilt's der Kunst

Deutschland kapituliert am 8. Mai. Overhoff sammelt sich, er blickt nach vorne, schnell reagiert er auf Zeiten, von denen noch niemand weiß, wie sie aussehen werden. Kurzerhand bewirbt er sich beim Landestheater in Altenburg. Der thüringische Beauftragte für Kultur und Erziehung antwortet ihm am 26. Mai.[37] In diesem Brief wird deutlich, worum es Overhoff, dessen Bewerbungsschreiben nicht vorliegt, geht. Er will seinen Posten wieder aufnehmen, als wäre nichts gewesen. Aber man lehnt seine Bewerbung ab und empfiehlt Overhoff, der sich als »unpolitischer Künstler« sieht, über das Verhältnis von Kunst und Politik einmal gründlich nachzudenken. Es heißt dort auch, dass die angeblichen »Fehler«, wie sie Overhoff nun schnell vom Tisch wischen will, »an Personen gebunden sind und nicht, wie« Overhoff meint, »ein Ding an sich seien«. Seine »enge Zusammenarbeit mit dem Hause Wagner«, so warnt man ihn, sei belastend, vor allem wegen der Nähe zu Hitler.

Overhoffs Bewerbung führt zu keinem Job, aber zu einer wichtigen Erkenntnis. Man muss sich warm anziehen, wenn man da weitermachen möchte, wo man aufgehört hat. Er spielt Wagner das Dokument zu, das sich noch heute in dessen Nachlass befindet, und reicht die Warnung somit weiter. Das tut er, um sich selbst Chancen im neuen System zu sichern. Er ist überzeugt: Die Nähe zu den Wagners aufzugeben, wäre ein Fehler.

Geschichte

Der weise thüringische Briefschreiber lässt uns am 26. Mai 1945 ein wenig in die Zukunft der Geschichte schauen. Denn was Overhoff am Ende des Briefes vorfindet, dürfte ihn besonders sensibilisiert haben: »Hitler-Wagner ist eine Einheit, über die die Geschichte längst ihr Urteil gesprochen hat.« Betrachtet man nun aber das, was tatsächlich passieren wird, dann weiß man, dass der Schreiber sich irrt. Das berühmt gewordene Wort Richard Wagners aus den *Meistersingern*: »Hier gilt's der Kunst!«[38] wird Neubayreuth deshalb so weit nach oben hängen, um sich zu schützen. Man entzieht sich der politischen Verantwortung, so wie in der jungen Bundesrepublik auch sonst üblich, und das enge Verhältnis Wieland Wagners – hier muss der Vorname nun einmal fallen – zum »Nazismus« wird weder ihm noch den Festspielen oder dem Rest der Familie schließlich schaden.

Sieg

So weit aber ist es noch nicht. Am 5. Juni übernehmen erst einmal die Alliierten das Kommando im besetzten Land. In Warmensteinach und in Nußdorf, das in der französischen Besatzungszone liegt, ist man mit Alltäglichem beschäftigt. So bepflanzt Wagner den dortigen Garten mit »Tomaten, Karotten, Mangold, Lauch«, um die größer werdende Familie zu ernähren.[39] Man kommt nicht umhin, diesen seltsam ruhigen Moment sich kurz ausbreiten zu lassen. Wieland Wagner steht hier vor uns als ein sinnierender Gartenheld, der sich scheinbar zurückgezogen hat. Fast demütig bemächtigt er sich einer Arbeit, die den Körper ernährt, als spielte Kunst keine Rolle mehr in seinem nächsten Leben. Es ist fast so wie bei Voltaire, der seinen Candide nach überstandenen absurden Abenteuern resigniert, aber doch auch optimistisch befinden lässt: »Mais il faut cultiver notre jardin«, »aber der Garten muss bepflanzt werden.«

Ein Monat nach der Kapitulation bringt Gertrud Wagner am 9. Juni ihr drittes Kind zur Welt. Die Tage und Wochen, die der Geburt folgen, sind wiederum schwer, von den Komplikationen, das Kind zu ernähren, bis hin zum monatelangen Aufenthalt des Säuglings im Konstanzer Krankenhaus.[40] Es ist eine Tochter. Der Namenspolitik, Mädchenkinder griechisch mythologisch zu benennen, bleibt man auch nach dem verlorenen Krieg treu: Die Wagners nennen sie Nike. Dabei verkörpert der Göttinnenname nicht so sehr den Sieg an sich, sondern, so heißt es, mit ihr begebe man sich auf den Weg, einen Sieg zu erringen. Nazideutschland ist passé, das Kind lebt, das jetzt Kommende will in Angriff genommen werden. Wagners Gärtnerei bleibt eine Episode.

Quellen und Dank

Nachweise

Die Tagebücher von Gertrud Strobel, die bislang nicht ediert sind, werden nach dem Original aus dem Nationalarchiv unter Angabe des Tages des jeweiligen Eintrags zitiert. Die Dokumente aus dem Hauptstaatsarchiv München, wo sich die Nachlässe von Wieland, Wolfgang und Gertrud Wagner befinden, sind über die Signatur und das im Text zu findende Datum der Quelle nachgewiesen. Die beiden Bayreuther Tageszeitungen, die in der Universitätsbibliothek Bayreuth für den Zeitraum komplett durchgesehen wurden, werden unter Angabe des Datums belegt. Hier gilt es zu beachten, dass die *Bayerische Ostmark* ab Sommer 1942 unter dem Titel *Bayreuther Kurier* geführt wird, es sich aber um die gleiche Zeitung handelt. Weitere Presseartikel sind online verfügbar oder stammen aus den genannten Nachlässen. Alles wurde, um die Anzahl der Fußnoten so gering wie möglich zu halten, nur bei der ersten nachzuweisenden Stelle angegeben, die sich daran anschließenden Zitate beziehen sich somit auf diesen ersten Beleg. Nur wenn ein anderes Dokument oder Buch zwischendurch zitiert wird, wird auch das vorhergehende erneut nachgewiesen.

Dank

Mein Projekt Wieland Wagner in Nazideutschland haben viele Menschen in unterschiedlichen Stadien begleitet, denen ich alle von Herzen für die Unterstützung danken möchte. Zunächst in unserem großen Forschungsprojekt an der Universität Bayreuth, aus dem dieses Buch erwachsen ist: Silvia Bier, Johannes-Casimir Eule, Hermann Feuchter, Tobias Reichard und Daniel Reupke. Auch geht ein großer Dank an die konsultierten Archive und deren Mitarbeiter:innen. Vor allem aber danke ich meinen Erstleser:innen: Saleh Aljadeeah, Jana Avanzini, Christian Bahlo, Dominik Frank, Angela Steidele sowie Rainer Weiss für die kritischen wie konstruktiven Lektüren, mit denen ich aus einer Idee ein Skript und ein Buch machen konnte. Schließlich gilt ein ganz besonderer Dank dem Vertrauen, das Andreas Horn und Markus J. Karsten vom Westend Verlag mir und dem Projekt entgegengebracht haben.

Quellen

RWM = Richard Wagner Museum und Nationalarchiv der Richard-Wagner-Stiftung
Strobel = Gertrud Strobel, Tagebücher, in RWM
KA-A = *Götterdämmerung* von Richard Wagner, Mainz 1900, Oper Altenburg Theaterbibliothek A I, 22b 3a (Sammlung derzeit im Thüringischen Landesmusikarchiv, Hochschule für Musik Franz Liszt, Weimar)
BayHSTA = Bayerisches Hauptstaatsarchiv München, Nachlass Wieland Wagner und Nachlass Wolfgang Wagner
Bayreuther Tagblatt
Bayerische Ostmark bzw. ab Sommer 1942 *Bayreuther Kurier*
LAth.-StA = Staatsarchiv Altenburg

Zitierte Literatur

Albrecht Bald: *Wieland Wagner und Bodo Lafferentz*, in: Albrecht Bald und Jörg Skriebeleit: *Das Außenlager Bayreuth des KZ Flossenbürg*, Bayreuth 2003.

Oswald Georg Bauer: *Die Geschichte der Bayreuther Festspiele*, Bd. 1, Berlin u. a. 2016, S. 568.

Paul Bülow: *Bayreuth. Die Stadt der Wagner-Festspiele 1876–1936*, Mannheim 1936.

Elke Fröhlich (Hg.): *Die Tagebücher von Joseph Goebbels*, München 1994–2008.

Brigitte Hamann: *Winifred Wagner oder Hitlers Bayreuth*, München u.a. 2002.

Rudolf Hartmann: *Das geliebte Haus. Mein Leben mit der Oper*, München u.a. 1975.

Michael Karbaum: *Studien zur Geschichte der Bayreuther Festspiele 1876–1976*, Regensburg 1976.

Peter Longerich: *»Davon haben wir nichts gewusst!« Die Deutschen und die Judenverfolgung 1933–1945*, München 2007.

Peter Longerich: *Hitler. Biographie*, München 2017.

Norbert Ohler, *Der totale Rausch. Drogen im Dritten Reich*, Köln 2019 [7. Auflage].

Tobias Reichard, Anno Mungen, Alexander Schmidt (Hg.): *Hitler. Macht.Oper. Propaganda und Musiktheater in Nürnberg 1920–1950*, Katalog zur Ausstellung im Dokumentationszentrum Reichsparteitagsgelände vom 14. Juni 2018 bis 3. Februar 2019, Petersberg 2018.

Wilhelm Overhoff, *Neu-Bayreuth (I)*, in: *Staatsbriefe* 6–7, 1991, S. 30–37.

Wolfram Pyta: *Hitler. Der Künstler als Politiker und Feldherr. Eine Herrschaftsanalyse*, München 2015.

Alex Ross: *Wagnerism. Art and Politics in the Shadow of Music*, New York 2020.

Harald Sander: *Hitler. Das Itinerar. Aufenthaltsorte und Reisen von 1889 bis 1945*, vier Bände, Berlin 2016.

Renate Schostack: *Hinter Wahnfrieds Mauern. Gertrud Wagner – ein Leben*, Hamburg 1998.

Siegmund Skraup: *Die Oper als lebendiges Theater*, Würzburg 1942.

Jörg Skriebeleit: *Ein KZ vor der Haustür?* in: Albrecht Bald und Jörg Skriebeleit: *Das Außenlager Bayreuth des KZ Flossenbürg*, Bayreuth 2003.

Wolfgang Wagner: *Lebens-Akte. Autobiographie*, München 1994.

Friedelind Wagner: *Nacht über Bayreuth*, hg. von Eva Weissweiler, München 2014 [5. Auflage].

Hans-Jörg und Gisela Wohlfromm: *Deckname Wolf. Hitlers letzter Sieg*, Berlin 2001.

Anmerkungen

1 Peter Adam: *The Arts of the Third Reich*, London 1992, S. 9.
2 »Zeitläufte«, in: Ingrid Kapsamer: *Wieland Wagner. Wegbereiter und Weltwirkung*, Graz 2010, S. 7.

1941, an den Start

1 Strobel, 11.7.1941.
2 Strobel, 1.9.1941.
3 Strobel, 2.9.1941.
4 Schostack, S. 181.
5 Schostack, S. 179.
6 Strobel, 14.9.1941.
7 Karbaum S. 90, S. 118 ff.
8 Schostack, S. 184.
9 Schostack, S. 180.
10 Sandner, Bd. I, S. 419.
11 Broschüre »Deutsches Opernhaus Berlin«, zur Wiedereröffnung des Hauses, Berlin 1935, S. [12].
12 http://statico.akpool.de/images/cards/35/359167.jpg (Zugriff 3.4.2021), siehe auch: Reichard, S. 153.
13 Wolfgang Wagner, S. 109.
14 Hamann, S. 318.
15 Bülow, S. 43.
16 Bauer, S. 573.
17 Fröhlich, 24.7.1937, Teil I, Bd. 4, S. 231.
18 Fröhlich, 24.7.1937, Teil I, Bd. 4, S. 233.
19 Ingrid Kapsamer: *Wieland Wagner. Wegbereiter und Weltwirkung*, Graz 2010, S. 44.
20 https://www.warrelics.eu/forum/photos-papers-propaganda-third-reich/maker-signed-postcard-745666/ (Zugriff 3.4.2021).
21 RWM, AFS 168, Nr. 15, 29 und 32.
22 BayHSTA, NL Wieland Wagner, 66.
23 Schostack, S. 185.
24 Sandner, Bd. III, S. 1716.
25 Schostack, S. 185.
26 Siehe Adressierung im Brief Hanke an Wieland Wagner, 20.1.1943, BayHSTA, NL Wolfgang Wagner, 163.
27 https://gedenkbuch.muenchen.de (Zugriff 3.4.2021).
28 Schostack, S. 134.
29 Schostack, S. 159.
30 NS Dokumentationszentrum München: »Anita Augspurg (1857-1943)«, online unter: www.ns-dokuzentrum-muenchen.de, (Zugriff 4.4.2021).
31 Auskunft des Grundbuchamts München vom 8.4.2021.
32 Schostack, S. 186.
33 BayHSTA, NL Wolfgang Wagner, 161.
34 Brief vom 5.12.1941, in: RWM.
35 Hamann, S. 429.

1942, Attacke

1 Gedenkbuch der Stadt Bayreuth für die Opfer des Nationalsozialismus: »Jüdische Opfer«, online unter: gedenkbuch.bayreuth.de, (Zugriff 7.4.2021).
2 BayHSTA, NL Wolfgang Wagner 162.
3 Hamann, S. 439.
4 Strobel, 3.12.1944.
5 Hamann, S. 437.
6 Friedelind Wagner, S. 320.
7 Wagner 1994, S. 73.
8 Friedelind Wagner, S. 288 f.
9 Friedelind Wagner, S. 317.
10 Wolfgang Wagner, S. 73.
11 Pyta, S 282.
12 BayHSTA, NL Wolfgang Wagner, 162.
13 BayHSTA, NL Wolfgang Wagner, 162.
14 Sandner, Bd. IV, S. 1993.
15 Hamann, S. 438 f.

16 Hamann, S. 439.
17 Strobel, 2.4.1942.
18 Schostack, S. 139.
19 Hamann, S. 301.
20 Reichard, S. 28.
21 Pyta, 331.
22 Pyta, 376.
23 Pyta, 350.
24 BayHSTA, NL Wolfgang Wagner, 162.
25 Schostack, 187ff.
26 Hamann, S. 257.
27 Schostack, 189.
28 Strobel, 2.5.1942.
29 Pyta, 173.
30 Strobel, 15.6.1942.
31 Schostack, 190f.
32 Schostack, S. 191.
33 Sandner, Bd. IV, S. 1863.
34 Strobel, 23.7.1940.
35 Sandner, Band IV, S. 1863.
36 Siehe: Curt Zimmermann: *Richard Wagner. Leben und Werk*, Leipzig 1942.
37 BayHSTA, NL Wolfgang Wagner, 162.
38 BayHSTA, NL Wolfgang Wagner, 162.
39 BayHSTA, NL Wolfgang Wagner, 162.
40 Schostack, S. 193.
41 BayHSTA, NL Wieland Wagner, 199.
42 BayHSTA, NL Wieland Wagner, 43.
43 Reichard, S. 138.
44 Strobel, 29.11.1942.
45 Strobel, 30.11.1942.
46 Strobel, 29.11.1942.
47 Hamann S. 448.
48 Longerich 2007, S. 191.
49 Hamann S. 448.
50 Sandner, Bd. III, S. 1715.
51 Sandner, Bd. II, S. 1717.
52 Strobel, 27.12.1942.
53 BayHSTA, NL Wolfgang Wagner, 162.

1943, an der Kunst arbeiten

1 Strobel, 13.10.1941.
2 RWM.
3 Hamann, S. 449.
4 BayHSTA, NL Wolfgang Wagner, 163.
5 *Oberdonau-Zeitung Linz*, 4.2.1943, online unter: anno.onb.ac.at, (Zugriff 1.4.2021).
6 Fröhlich, 4.2.1943, Teil II, Bd. 7, S. 256.
7 Pyta, S. 443.
8 Vgl. das Schreiben vom 23.9.1943, LAth.-StA.
9 Strobel, 3.3.1943.
10 Longerich 2007, S. 263.
11 Strobel, 14.3.1943.
12 Schostack, S. 184.
13 BayHSTA, NL Wieland Wagner, 180.
14 LAth.-StA.
15 Skraup, S. 93.
16 Skraup, S. 166.
17 Skraup, S. 167.
18 Skraup, S. 189.
19 Schostack, S. 200.
20 Am 12.5.1943, Sandner, Bd. IV, S.S. 2095.
21 Sandner, Bd. IV, S. 2085.
22 Longerich 2007, S. 269.
23 BayHSTA, NL Wieland Wagner, 123.
24 Reichard, S. 156.
25 Strobel, 1.6.1943.
26 Strobel, 4.6.1943.
27 Overhoff, S. 33.
28 LAth.-Staatsarchiv Altenburg, 12.6.1943.
29 Theaterzettel vom 19.7.1943, RWM.
30 BayHSTA, NL Wieland Wagner, 52.
31 Wagner 1994, S. 67.
32 Hamann, S. 314 und S. 495.
33 Schostack, S. 200.
34 BayHSTA, NL Wieland Wagner, 52.
35 BayHSTA, NL Wolfgang Wagner, 163.
36 Pyta, S. 246.
37 BayHSTA, NL Wieland Wagner, 93.
38 LAth.-StA, Theaterzettel 11.3.1936.
39 BayHSTA, NL Wieland Wagner, 93.
40 LAth.-StA, 29.9.1943.
41 LAth.-StA, Theaterzettel 10.10.1943.
42 BayHSTA, NL Wieland Wagner, 93, ohne Datumsangabe.

43 BayHSTA, NL Wieland Wagner, 93.
44 Hamann, S. 470.
45 Strobel, 9.12.1943.
46 Hamann, S. 471.
47 Schostack, S. 196.
48 Schostack, S. 197.
49 Schostack, S. 196.
50 Wohlfromm, S. 157.
51 Hamann, S. 470.
52 Strobel, 7.12.1943.
53 Wohlfromm, S. 92.
54 Wohlfromm, S. 186.
55 Ohler, S. 166ff.
56 Wohlfromm, S. 132.
57 www.baby-vornamen.de: »Huschel«, (Zugriff 1.4.2021).
58 LAth.-A, 18.11.1943.
59 LAth.-A, 18.11.1943, 19.11.1943, 5.12..1943, 6.1.1943.
60 KA-A.
61 KA-A, S. 61 uns S. 131.
62 BayHSTA, NL Wieland Wagner, 4.
63 Bald, S. 29.
64 Bald, S. 45.
65 Bald, S. 38.
66 Hamann 2002, S. 471.

1944, Apokalypse

1 Fröhlich, 17.1.1944, Teil II, Bd. 11, S. 106.
2 BayHSTA, NL Wolfgang Wagner, 164.
3 Ohne genaue Datierung, in: BayHSTA, NL Wieland Wagner, S. 93.
4 LAth.-StA, 5.2.1944.
5 LAth.-StA, 28.2.1944.
6 BayHSTA, NL Wolfgang Wagner, 164.
7 KA-A, vorne im Inhaltsverzeichnis sowie auf S. 305.
8 KA-A, S. 302.
9 LAth.-StA, 31.3.1944.
10 LAth.-StA, 3.4.1944.
11 Strobel, 23.4.1944.
12 LAth.-StA, 11.5.1944.
13 LAth.-StA, Februar (und folgende) 1944.
14 BayHSTA, NL Wieland Wagner, 93.
15 LAth.-StA, Februar (und folgende) 1944.
16 LAth.-StA, 18.5.1944.
17 Skriebeleit, S. 77.
18 Skriebeleit, S. 90.
19 Skriebeleit, S. 101.
20 Hamann, S. 474.
21 LAth.-StA.
22 Skriebeleit, S. 105.
23 Skriebeleit, S. 101f.
24 Skriebeleit, S. 89.
25 BayHSTA, NL Wieland Wagner, 93.
26 Theaterzettel des Hof-Operntheaters vom 27. Juni 1944, online unter: anno.onb.ac.at, (Zugriff 1.4.2021).
27 Strobel, 15.7.1944.
28 Schostack, S. 200.
29 LAth.-StA, 13.7.1944.
30 LAth.-StA, 29.6.1944.
31 Hamann, S. 475.
32 Strobel, 20. 7.1944.
33 Schostack, S. 201.
34 Strobel, 13.8.1944.
35 Privatsammlung Hans-Friedmund Rittel, mit freundlicher Genehmigung.
36 Hartmann, S. 176.
37 Völkischer Beobachter, 25.8.1944, online unter: anno.onb.ac.at, (Zugriff 1.4.2021).
38 LAth.-StA, 30.8.1944.
39 Strobel, 29.8.1944.
40 Strobel, 31.8.1944.
41 Pyta, S. 528.
42 Wolfgang Wagner, S. 113.
43 KA-A, S. 331.
44 KA-A, S. 336.
45 KA-A, S. 337.
46 Staatsarchiv Nürnberg, Entnazifizierungsakte Willi Hanke, Dokument 30, 3.9.1944.
47 Overhoff, S. 34.
48 Overhoff, S. 34.
49 Strobel, 7.9.1944.
50 Overhoff, S. 34.
51 Wolfgang Wagner, S. 114.
52 Hamann, S. 482.
53 Wolfgang Wagner, S. 117.
54 Skriebeleit, S. 109.
55 Hamann, S. 482.
56 Skriebeleit, S. 108.
57 Skriebeleit, S. 111.
58 Skriebeleit, S. 110.
59 Skriebeleit, S. 111.
60 Bald, S. 49.
61 Schostack, S. 202.
62 Hamann, S. 450.

63 Sandner, Bd. IV, S. 2280.
64 Hamann, S. 487.
65 Schostack, S, 204.
66 Wolfgang Wagner, S. 117f.
67 Ohler, S. 282ff.
68 Ohler, S. 167.
69 Hamann, S. 487.
70 Sandner, Bd. IV, S. 2280.
71 Hamann, S. 488.
72 Hamann, S. 488.

1945, alles wird gut

1 Strobel, 4.1.1945.
2 Hamann, 489f.
3 Strobel, 10.1.1945.
4 Schostack, S. 205.
5 Strobel, 12.1.1945.
6 Strobel, 8. 1. 1945.
7 BayHSTA, NL Wieland Wagner, 93.
8 BayHSTA, NL Wolfgang Wagner, 165.
9 Strobel, 30. 1.1945.
10 LAth.-StA, 30.1.1945.
11 Schostack, 206f.
12 Zit. nach Hamann, S. 496.
13 Strobel, 27.1.1944.
14 Strobel, 11.3.1945.
15 Strobel, 19. 3.1945.
16 Hamann, S. 494.
17 Hamann, S. 499.
18 Strobel, 5.4.1945.
19 Strobel, 6.4.1945.
20 Schostack, S. 209.
21 Strobel, 6.4.1945.
22 Hamann, S. 502.
23 Hamann, S. 503.
24 Skriebeleit, S. 121.
25 Ross 2020, S. 561.
26 Strobel, 14.4.1945.
27 Strobel, 19.4.1945.
28 Strobel, 5.4.1945.
29 Wolfgang Wagner, S. 119.
30 Schostack, S. 212.
31 Wolfgang Wagner, S. 119.
32 Schostack, S. 212.
33 Reichard, S. 52.
34 Reichard, S. 166.
35 Longerich 2017, S. 98.
36 Hamann, S. 507.
37 BayHSTA, NL Wieland Wagner, 4.
38 Reichard, S. 8.
39 Schostack, S. 217.
40 Schostack, S. 216.

Mehr über unsere Autoren und Bücher:
www.westendverlag.de

Die Deutsche Nationalbibliothek verzeichnet diese Publikation in der Deutschen Nationalbibliografie; detaillierte bibliografische Daten sind im Internet über http://dnb.d-nb.de abrufbar.

MIX
Papier aus verantwortungsvollen Quellen
FSC® C083411

ISBN: 978-3-86489-329-2

Umschlaggestaltung: Buchgut, Berlin
Satz: Publikations Atelier, Dreieich
Druck und Bindung: CPI – Clausen & Bosse, Leck
Printed in Germany